Sabrina Rössler
Pia Brenken

Green Market, Green Business: Die Konsumkultur der LOHAS

Sabrina Rössler
Pia Brenken

Green Market, Green Business: Die Konsumkultur der LOHAS

Erfolgspotenziale zielgruppenorientierter Unternehmenskommunikation

VDM Verlag Dr. Müller

Impressum/Imprint (nur für Deutschland/ only for Germany)
Bibliografische Information der Deutschen Nationalbibliothek: Die Deutsche Nationalbibliothek verzeichnet diese Publikation in der Deutschen Nationalbibliografie; detaillierte bibliografische Daten sind im Internet über http://dnb.d-nb.de abrufbar.

Alle in diesem Buch genannten Marken und Produktnamen unterliegen warenzeichen-, marken- oder patentrechtlichem Schutz bzw. sind Warenzeichen oder eingetragene Warenzeichen der jeweiligen Inhaber. Die Wiedergabe von Marken, Produktnamen, Gebrauchsnamen, Handelsnamen, Warenbezeichnungen u.s.w. in diesem Werk berechtigt auch ohne besondere Kennzeichnung nicht zu der Annahme, dass solche Namen im Sinne der Warenzeichen- und Markenschutzgesetzgebung als frei zu betrachten wären und daher von jedermann benutzt werden dürften.

Coverbild: www.purestockx.com

Verlag: VDM Verlag Dr. Müller Aktiengesellschaft & Co. KG
Dudweiler Landstr. 99, 66123 Saarbrücken, Deutschland
Telefon +49 681 9100-698, Telefax +49 681 9100-988, Email: info@vdm-verlag.de

Herstellung in Deutschland:
Schaltungsdienst Lange o.H.G., Berlin
Books on Demand GmbH, Norderstedt
Reha GmbH, Saarbrücken
Amazon Distribution GmbH, Leipzig
ISBN: 978-3-639-21978-4

Imprint (only for USA, GB)
Bibliographic information published by the Deutsche Nationalbibliothek: The Deutsche Nationalbibliothek lists this publication in the Deutsche Nationalbibliografie; detailed bibliographic data are available in the Internet at http://dnb.d-nb.de .

Any brand names and product names mentioned in this book are subject to trademark, brand or patent protection and are trademarks or registered trademarks of their respective holders. The use of brand names, product names, common names, trade names, product descriptions etc. even without a particular marking in this works is in no way to be construed to mean that such names may be regarded as unrestricted in respect of trademark and brand protection legislation and could thus be used by anyone.

Cover image: www.purestockx.com

Publisher:
VDM Verlag Dr. Müller Aktiengesellschaft & Co. KG
Dudweiler Landstr. 99, 66123 Saarbrücken, Germany
Phone +49 681 9100-698, Fax +49 681 9100-988, Email: info@vdm-publishing.com

Copyright © 2009 by the author and VDM Verlag Dr. Müller Aktiengesellschaft & Co. KG and licensors
All rights reserved. Saarbrücken 2009

Printed in the U.S.A.
Printed in the U.K. by (see last page)
ISBN: 978-3-639-21978-4

Inhaltsverzeichnis

1. EINLEITUNG 3
   1.1 PROBLEMSTELLUNG UND ZIELSETZUNG 4
   1.2 AUFBAU DER ARBEIT 6
2. GREEN MARKET – DIE GRÜNE ZIELGRUPPE EROBERT DEN MARKT 9
   2.1 TRENDENTWICKLUNGEN IM GRÜNEN MARKT 9
   2.2 DER NEUE BIO-BOOM 11
   2.3 ERFOLGSPOTENZIALE VS. RISIKEN DES GRÜNEN MARKTES 13
3. LOHAS – DIE NEUE LIFESTYLE-AVANTGARDE 17
   3.1 DEFINITION UND BEGRIFFSERKLÄRUNG DER LOHAS 17
   3.2 NEUER LEBENSSTIL & NEUE KONSUMKULTUR 19
      3.2.2 Herausforderungen der psychographischen Zielgruppenklassifikation 29
4. GREEN BUSINESS – GREEN MARKETING ALS UNTERNEHMENSSTRATEGIE ... 36
   4.1 GREEN BUSINESS: NACHHALTIGE MARKETINGSTRATEGIEN 38
      4.1.1 Situationsanalyse des Unternehmens auf dem Grünen Markt 41
      4.1.2 Strategische Marketing- und Kommunikationsziele und Instrumente 45
      4.1.3 Operative Marketinginstrumente: Der grüne Marketing-Mix 48
   4.2 GREEN COMMUNICATION 54
      4.2.1 Kommunikation im Marketing-Mix 55
5. EMPIRISCHE UNTERSUCHUNGEN DER ZIELGRUPPE *LOHAS* 62
   5.1 FORSCHUNGSLEITENDE ANNAHMEN 62
   5.2 UNTERSUCHUNGSMETHODEN 63
      5.3.1 Bedürfnismessung 65
      5.3.2 Auswertung der Bedürfnismessung 66
      5.3.3 Einstellungsmessung 67
      5.3.4 Auswertung des Einstellungsverhaltens 70
      5.3.5 Wertemessung 82
   5.4 GESAMTERGEBNISSE DER EMPIRISCHEN UNTERSUCHUNG 88
   6.1 UNTERSUCHUNGSMETHODE 91
   6.2 AUSWERTUNG DES EINSTELLUNGSVERHALTENS DER ALLGEMEINEN KONSUMENTEN ZUM LEBENSMITTELSEKTOR 92
7. ÜBERPRÜFUNG DER FORSCHUNGSLEITENDEN ANNAHMEN 104
   7.1 ANNAHME 1: DIE BEREITSCHAFT DER LOHAS FÜR BIO-PRODUKTE MEHR ZU ZAHLEN IST NICHT GEGEBEN. 104

7.3 ANNAHME 3: DIE GRÜNE ZIELGRUPPE WEITET SICH IN NAHER ZUKUNFT AUS. 105

8. HANDLUNGSEMPFEHLUNGEN FÜR ERFOLGREICHE STRATEGIEN AUF DEM GRÜNEN MARKT 106

    8.1 PRODUKT 106

    8.2 PREIS 106

    8.3 KOMMUNIKATION 107

9. FAZIT 110

10. QUELLENVERZEICHNIS 112

11. ANHANG 117

1. Einleitung

Der Grüne Markt boomt, daran besteht kein Zweifel. Seit ca. zwei Jahren macht ein vielverwendetes Wort die Runde: LOHAS. Es beschreibt einen neuen Lebensstil (Lifestyle of Health and Sustainability), der ganz genau gesehen eine Weiterentwicklung der Alternativbewegung aus den siebziger Jahren darstellt. Aber dieser Lebensstil ist anders, denn er ist umfassender als es die meisten Lebensstile bekannter Zielgruppen und Konsumententypologien sind. Deswegen sind sie so schwer für die Unternehmen und ganz besonders für das Marketing zu fassen, aber dennoch springen immer mehr Unternehmen auf den grünen Zug auf. Das Angebot reicht von grünen Möbeln über eco-fashion bis hin zu LOHAS-Reisen. Die Umsätze scheinen stetig in der grünen Branche zu wachsen, was in der Konsumfreudigkeit der LOHAS begründet liegt, denn der Green Lifestyle hat nichts mehr mit den „Körner fressenden Ökos" und nichts mit Verzicht auf Luxus, Konsum und den angenehmen Seiten des Lebens zu tun. Die LOHAS sind anders, die LOHAS sind neu. Sie wollen sich engagieren, sie wollen der Umwelt etwas Gutes tun, aber sie wollen nicht verzichten.

Aber sind diese Menschen, die in Deutschland laut der Studie „LOHAS Monitor" 12,5 Millionen, d.h. 19,3 Prozent der Bevölkerung ausmachen,[1] wirklich wahrhaftig überzeugt oder sind sie eine Erfindung von cleveren Marketing- und PR-Managern? Der Markt hat auf jeden Fall bereits auf die neuartige Zielgruppe reagiert. Blickt man in die Verkaufsregale im Supermarkt, so sieht man Bio-Produkte, und auch die Medien greifen den grünen Trend auf, so sind in Zeitschriften, Fernsehbeiträge zahlreiche Berichterstattungen über Nachhaltigkeit, Umweltschutz, Klimawandel, etc. zu finden. Es entsteht der Eindruck, dass Moral und Verantwortung eine immer größere Rolle in der Konsumwelt spielen und bereits jetzt zahlreiche Unternehmen die Gunst der Stunde nutzen wollen, indem sie an das gute Gewissen des Konsumenten appellieren.

In diesem Moment lässt sich sagen: Der Trend existiert, das ist keine Frage, aber hat er Potenzial oder ist er ein künstlich erzeugter Hype, der in naher Zukunft an Aufmerksamkeit

---

[1] Die Studie liegt dieser Arbeit leider nicht vor, die von Innofact AG herausgegebene Pressemeldung zur Studie ist online im Internet: Touchpoint-Communication 2008 [Stand: 17.08.09]

verlieren wird? Kann er sich langfristig in der Gesellschaft durchsetzten? Einige Trendforscher glauben das. Sie glauben, dass die LOHAS das Potenzial haben, die Bevölkerung langfristig zu beeinflussen und zu einer gesünderen, lebenswerteren Lebensweise zu bekehren. Nicht als Missionare, aber als Trendsetter und als Initiatoren. Demnach stellt sich wohl zwangsläufig die Frage: werden die LOHAS zu Evergreens? Und wie werden sich die Marketing-Aktivitäten der Unternehmen verändern müssen, um diese Zielgruppe optimal zu erreichen?

In dieser Arbeit wird der grüne Trend durch das Zusammentragen von Daten und Fakten aus der derzeitigen Literatur und durch eine empirische Untersuchung des Konsumentenverhaltens der LOHAS, aber auch der allgemeinen Konsumenten näher untersucht, um mögliche Potenziale für den grünen Markt offen zu legen. Nur durch ein detailliertes Wissen über diese scheinbar schwierig greifbare Zielgruppe können Unternehmen den Markttrend des Green Lifestyle für sich nutzen. Wie wichtig eine frühzeitige Identifikation eines Trends ist, erklärt auch Steve Potorzycki, Vize Präsident von der Unternehmensberatung Arthur D. Little:

„Während es keine klare Richtschnur gibt, die das Ende der Gegenwart und den Beginn der Zukunft markiert, sind die Trends und Kräfte, die für die Ausgestaltung der Zukunft verantwortlich sind, bereits sichtbar. Sie bringen sowohl Hemmnisse als auch Potenziale für die Unternehmen mit sich. Die Herausforderung liegt darin, diese Trends richtig zu deuten. Die Unternehmen, die dabei ihre Stärken in Bezug auf Wissen und Innovation mit den Handlungsoptionen abstimmen können, werden in der Lage sein, ihre eigene Zukunft aktiv zu gestalten."[2]

1.1 Problemstellung und Zielsetzung

Die LOHAS sind vielseitig und vereinen scheinbar konträre Positionen in sich, wie Genuss und Verantwortung, Nachhaltigkeit und Gesundheit, was einige Studien bereits herausgefunden haben. Dieser Lebensstil wirkt sich auch auf ihr Kaufverhalten aus, denn sie präferieren nachhaltige und ökologische Lebensmittel, Kleidung, Möbel, usw. Die Studien publizieren einige Charaktereigenschaften der LOHAS, doch geben sie keine weiteren Aussagen über die Beweggründe der LOHAS an. Problematisch ist auch, dass alle Studien die

---

[2] Steve Poltorzycki In: Hardtke, Prehn 2001, S. 94

allgemeine Bevölkerung befragt haben und nicht explizit die Zielgruppe der LOHAS. Damit kann zwar eine Tendenz herausgefunden werden, inwieweit der grüne Trend in der Bevölkerung bis dato Zustimmung erhält, aber die genauen Bedürfnisse, Wertvorstellungen und Einstellung der Zielgruppe der LOHAS können nicht genau identifiziert werden. Zudem werden zu den jeweiligen Erhebungsmethoden bis auf den Umfang, keine genauen Angaben gemacht. Auch zu möglich auftretenden Schwierigkeiten innerhalb der Erhebung oder Nachteile der Befragungsinstrumente wird keine Stellung bezogen, wie z.B. die Beeinflussung durch den Interviewer, unwahrheitsgemäße Aussagen der Befragten, usw. Die Studien wirken zum Teil sehr oberflächlich und man könnte den Eindruck erhalten, dass sie eher beschönigend wirken, um den Unternehmen den grünen Trend „schmackhaft" zu machen.

In dieser Arbeit wird die empirische Untersuchung mit all ihren Schwächen vorgestellt und geht mehr in die Tiefe als die durchgeführten Studien, da sie die Zielgruppe der LOHAS von der der allgemeinen Konsumenten separat betrachtet und auch Hintergründe hinterfragt. Zudem ist es Ziel dieser Arbeit die relevanten, psychographischen Determinanten, die ausschlaggebend für die Kaufentscheidung sind, durch die Empirie herauszufinden. Das Know-how über das Konsumentenverhalten spielt im Hinblick auf die ökonomische Relevanz eines Unternehmens eine große Rolle. Die Ergebnisse der Studie sollen deswegen dazu genutzt werden, Handlungsempfehlungen für die Ausrichtung des Marketings und der Unternehmenskommunikation geben zu können.

Eine weitere Problemstellung bezüglich der LOHAS besteht in ihrer Klassifizierung. Für das Marketing sind die LOHAS in der Regel eine homogene Zielgruppe, die einem gesunden und nachhaltigen Lebensstil nacheifert und die die Unternehmen unbedingt erreichen wollen, um ihre Umsätze zu steigern. Sie haben in den letzten Jahren verschiedene Namen bekommen, wie Neo-Ökos,[3] Greenomics,[4] Dot-greens.[5] Doch im Grunde spielt die Begrifflichkeit keine Rolle, viel wichtiger ist die Erkenntnis, dass sie sich in keine Schublade stecken lassen. Einige Studien haben bereits erkannt, dass die LOHAS innerhalb ihrer Gruppe heterogen sind und deswegen verschiedene Typologien erstellt, die jedoch von den wenig transparenten Ergebnissen der Studien abgeleitet wurden. Das Ziel dieser Arbeit ist es, den Versuch zu unternehmen, die LOHAS anhand der aktuellen Literatur und

---

[3] Zukunftsinstitut (Hg.) 2007, S.1
[4] Wenzel, Kirig, Rauch 2008, S. 10
[5] Walther 2009, S.109

der empirischen Untersuchung zu klassifizieren, es besteht jedoch kein Anspruch auf Vollständigkeit, sondern soll nur eine Möglichkeit zur Klassifikation darstellen.

Die wohl größte Hürde besteht darin, eine Prognose zur weiteren Beständigkeit des grünen Trends abzugeben. Die Definition von Trends bzw. Megatrends in der Gesellschaft ist ein schwieriges Feld, da die Forschung noch in den Kinderschuhen steckt, dennoch wird in dieser Arbeit versucht, einen Ausblick auf die mögliche Entwicklung zu geben, indem Potenziale für den Grünen Markt bei den allgemeinen Konsumenten identifiziert werden.

Zusammenfassend lässt sich sagen, dass diese Arbeit das primäre Ziel verfolgt, Konsumentenforschung über die LOHAS zu betreiben, d.h. die psychographischen Determinanten der LOHAS näher zu erforschen und diese Erkenntnisse für das Marketing und die Kommunikation von Unternehmen nutzbar zu machen. Zudem soll der Versuch unternommen werden die grüne Zielgruppe zu klassifizieren und mögliche Potenziale für den Grünen Markt aufzudecken.

1.2 Aufbau der Arbeit

Um einen Überblick über die inhaltliche Vorgehensweise dieser Arbeit zu geben, wird im Nachfolgenden der Content der jeweiligen Kapitel kurz vorgestellt. Es sei hier zu erwähnen, dass aufgrund der Komplexität der Thematik in dieser Arbeit im literarischen Teil zunächst Begriffserklärungen, theoretische Modelle und Instrumente herangezogen werden, um ein Grundverständnis aufzubauen. Zudem verfolgt diese Arbeit einen „roten bzw. hier eher grünen Faden", da die Vorstellung der theoretischen Rahmenbedingungen in ihrer Reihenfolge der im empirischen Teil entspricht. Zudem bauen die jeweiligen Teile der Arbeit aufeinander auf und sind somit im Ganzen zu betrachten. Ein weiterer Aspekt, der an dieser Stelle erwähnt werden muss, ist, dass der Fokus der gesamten Arbeit auf dem Bereich der Bio-Lebensmittelbranche liegt. Das bedeutet, dass im literarischen Teil vorwiegend Quellen und Beispiele aus diesem Bereich genannt werden und auch der empirische Teil daran ausgerichtet ist.

Das zweite Kapitel richtet seinen Fokus auf die derzeitige Entwicklung des Grünen Marktes, ausgelöst durch den grünen Trend. Um ein theoretisches Verständnis für die Thematik der Trends zu bekommen, werden die Charakteristika von Trends und Megatrends vorgestellt bevor auf die Entwicklung des grünen Trends näher eingegangen wird. Da der Grüne Markt in seiner Beständigkeit bis dato schon sehr komplex ist und nahezu alle Branchen erfasst hat, kann in dieser Arbeit kein umfassender Überblick über die Entwicklung gegeben werden. Stattdessen wird ein besonderes Augenmerk auf den Wellness- und Gesundheitstrend sowie den Bio-Boom (Kapitel 2.2) gelegt, für dessen Aufschwung Gründe aus der Literatur erläutert werden. Da die Ausweitung des Grünen Marktes von vielen Studien, die bereits veröffentlicht wurden, prognostiziert wird, wird in Kapitel 2.3 ein kritischer Blick auf die Erfolgspotenziale und Risiken geworfen.

Eine Zielgruppe, die sehr prägnant und wichtig für den Grünen Markt ist und durch die diese Entwicklung möglicherweise erst ausgelöst wurde, sind die LOHAS, die in Kapitel 3 vorgestellt werden. Zunächst wird der Versuch unternommen anhand von Statements aus der Literatur eine Definition für die grüne Zielgruppe zu finden. Nachfolgend werden die typischen Charakteristika der LOHAS, ihr neuer Lebensstil und ihre neue Konsumkultur ausführlich erläutert (3.2), die durch zahlreiche Daten, Fakten und Aussagen aus diversen Studien untermauert werden. Um als Unternehmen eine Zielgruppe wie die LOHAS optimal erreichen zu können, muss ein gewisses Know-how über deren Konsumentenverhalten vorliegen, um auf dem Markt Bestand haben zu können. Das Kapitel 3.2.1 bezieht sich deswegen auf die Konsumentenforschung. In diesem Zusammenhang wird der Fokus auf die psychographischen Einflussfaktoren, wie die Bedürfnisse, Einstellungen und Werte, gelegt. Da diese Determinanten besonders relevant für das Einkaufsverhalten der Konsumenten sind, werden diese zunächst durch literarische Quellen voneinander abgegrenzt und durch Modelle und Instrumente ergänzt, in die die möglichen Ausprägungen der LOHAS implementiert werden. Da die LOHAS innerhalb ihrer Zielgruppe heterogen sind, wird in Kapitel 3.2.2 der Versuch unternommen die grüne Zielgruppe anhand der psychographischen Determinanten zu klassifizieren, dazu werden Modelle aus der Literatur herangezogen.

Das Kapitel 4 beinhaltet das Nachhaltigkeits-Management von Unternehmen, d.h. zuerst wird die *Nachhaltige Entwicklung* definiert, um einen Einstieg in das Thema zu gewährleisten. Die gesellschaftliche Verantwortung von Seiten der Unternehmen wird immer wichtiger, deswegen erhält das nachhaltige Marketing-Management, das in Kapitel 4.1 in den Marketing-Management-Prozess integriert und ausführlich erläutert wird, eine besondere Bedeutung, sowohl für die strategischen als auch für die operativen Instrumente. Entlang dieses Prozesses wird im Besonderen auf die Situationsanalyse der Unternehmen im Grünen Markt eingegangen, deren Anwendung anhand von einigen strategischen und operativen Instrumenten dargestellt wird (4.1.1, 4.1.2 und 4.2.3). Dem Teilgebiet „Kommunikation" aus dem Marketing-Mix kommt ein besonderer Stellenwert zu, welches in Kapitel 4.2 separat betrachtet wird und die Bedeutung der Green Communication für Unternehmen hervorheben soll. Anschließend dienen Fallbeispiele aus den Medien dazu, aufzuzeigen, dass der grüne Trend auch auf der Medien-Agenda zu erkennen ist und dort einen relativ hohen Rang einnimmt (4.3). In diesem Zusammenhang wird auch das Agenda-Setting Modell aufgegriffen.

Aus den Erkenntnissen der Literatur werden in Kapitel 5 forschungsleitende Annahmen getroffen (5.1), die anschließend durch die in dieser Arbeit durchgeführte empirische Untersuchung überprüft werden. Die Empirie dient dazu die Zielgruppe der LOHAS und deren Konsumentenverhalten besser verstehen zu können. Sie gliedert sich in drei Teiluntersuchungen und beinhaltet die Bedürfnismessung (5.3.1), die Einstellungsmessung (5.3.3) und die Wertemessung (5.3.5), die im jeweiligen Anschluss ausgewertet und durch graphische Abbildungen unterstützt werden. Zudem wird bei den Einzeluntersuchungen die jeweilige Erhebungsmethode mit ihren Vor- und Nachteilen erläutert. Im Anschluss wird dann aus den Ergebnissen der Teiluntersuchungen ein Gesamtergebnis aufgestellt (5.4), um eine Übersicht über das Konsumentenverhalten der LOHAS geben zu können.

Um mögliche Potenziale für den Grünen Markt zu identifizieren, wird zudem die Zielgruppe der allgemeinen Konsumenten hinsichtlich ihres Einstellungsverhaltens zum Lebensmittelsektor und zur Bio-Branche in Kapitel 6 empirisch untersucht. Auch bei dieser Untersuchung wird die Erhebungsmethodik erläutert (6.1) und die Auswertung vorgenommen (6.2). In Kapitel 6.3 soll herausgefunden werden, ob die Konsumenten zu einem Wechsel in den Grünen Markt bereit sind.

Die Überprüfung der forschungsleitenden Annahmen anhand der empirischen Ergebnisse wird in Kapitel 7 vorgestellt und diskutiert. In Kapitel 8 werden die Ergebnisse der Erhebung dann dazu genutzt, Handlungsempfehlungen für die Marketing- und Kommunikationsmaßnahmen der Unternehmen aufzustellen. Zum Schluss wird dann noch ein allgemeines Fazit gezogen, das die wichtigsten Erkenntnisse dieser Arbeit noch einmal in Kurzfassung darstellt.

2. Green Market – Die grüne Zielgruppe erobert den Markt

2.1 Trendentwicklungen im Grünen Markt

Durch den technologischen Fortschritt, die Entwicklung der Massenmedien, vor allem die des Internets, den steigenden Wohlstand und die Globalisierung entwickeln sich immer schneller Trends, oftmals mit internationaler Auswirkung. Die Trendforschung nimmt deswegen einen immer höheren Stellenwert für Unternehmen ein, bei der die sozialen und ökonomischen Entwicklungen erforscht werden. Das Handeln der Menschen variiert ständig und bringt Veränderungen mit sich, die oftmals nicht rückgängig zu machen sind. Das bedeutet, dass eine Vielzahl von Lebensstilen anstelle von Uniformität entstanden ist, dennoch zeichnet sich zugleich eine gemeinsame, gesellschaftliche Entwicklung ab. Wer die Zeichen der Zeit nicht erkennt und nicht reagiert, hat kaum eine Chance auf dem Markt weiterhin zu bestehen, stellt Saatweber fest:

> „Trends so frühzeitig wie möglich zu erkennen und die Reaktionen von Kundengruppen auf neue Konzepte abzuschätzen wird immer wichtiger, da sich durch den kürzer werdenden technologischen Vorsprung der Wettbewerbsdruck enorm erhöht."[6]

Bei den Trends gibt es allerdings Unterschiede in ihrer Beständigkeit. Trendforscher unterscheiden Trends hinsichtlich ihrer Ausprägung und Fristigkeit. Kurzfristige Trends dauern ca. drei Jahre an, mittelfristige Trends haben eine Wirkung von drei bis ca. zehn Jahren und langfristige Trends können mehr als zehn Jahre existieren.[7] Die letzte Form der Trends bringt größere, komplexere und langfristigere Zusammenhänge mit sich und wird in der Literatur auch als Megatrend beschrieben.[8] Das Zukunftsinstitut geht bei einem Megatrend von einem großen Veränderungsprozess in der Gesellschaft und Wirtschaft in einem Zeitraum von 30 bis 50 Jahren aus, der sogar die Macht hat, substanzielle Verände-

---

[6] Saatweber 2007, S.140
[7] Saatweber 2007, S.144
[8] Geprägt wurde der Begriff „Megatrends" von John Naisbitt, der im Jahr 1982 seinen gleichnamigen Bestseller veröffentlichte.

rungen, Umbrüche und Innovationen auszulösen.[9] Diese Megatrends zu erkennen ist besonders wichtig für das Marketing, da in diesem Bereich langfristige Umsätze garantiert sind. Dennoch besteht immer die Gefahr, dass sich Trends wieder wandeln. Deswegen können Trends nicht zu hundert Prozent vorausgesagt, sondern nur eine Prognose abgegeben werden. Das bedeutet, dass eine stetige Beobachtung der gesellschaftlichen Entwicklung für Unternehmen sehr wichtig ist.

Die Trendforscher Faith Popcorn und Mathias Horx gehören zu den Pionieren auf dem Gebiet der Trendforschung und decken Trends und Megatrends in der Gesellschaft auf. Beide kommen zu ähnlichen Ergebnissen und fanden die folgenden Hinweise heraus: „ganzheitlicher Ansatz für Wohlbefinden", „Gesundheit verbessern", „das Leben verlängern" und „die Lebensqualität erhöhen"[10] sind die Aspekte, die in der Zukunft die Menschen beschäftigen werden. Diese Wünsche und Bedürfnisse entstehen aus unterschiedlichen Gründen. Zum einen sind in nahezu allen westlichen Industrieländern alle physiologischen Grundbedürfnisse erfüllt, zum anderen liegt in Deutschland ein demographischer Wandel in der Gesellschaft vor, der im Verlauf dieses Abschnittes noch näher erklärt wird.

Aus diesen Einstellungsveränderungen hat sich auch der grüne Trend entwickelt, der seit seinem Durchbruch im Jahr 2007 in aller Munde ist.[11] Er hat bereits nahezu alle Branchen erreicht, wie die Lebensmittel-, Textil-, Tourismus- und Freizeitbranche oder die Automobilbranche. Bio-Lebensmittel, eco-fashion, LOHAS-Reisen und Hybridautos sind derzeit Produkte, die sich gut in der grünen Zielgruppe verkaufen lassen.[12]

Auch der Bereich Wellness und Gesundheit erlebt schon seit längerer Zeit einen Aufschwung, ausgelöst durch neue Angebote und das geänderte Konsumverhalten bei Wellness- und Gesundheitsprodukten, das auch durch demographische Veränderungen begünstigt wurde und wird. Die Strukturen in der Gesellschaft verändern sich, d.h. die Alterspyramide stellt sich auf die Spitze, denn die Lebenserwartung ist durch den medizinischen Fortschritt deutlich gestiegen und die Geburtenraten gehen zurück. Die quantitative Veränderung in der Gesellschaft hat auch qualitative Auswirkungen auf die Werte und Einstel-

---

[9] Zukunftsinstitut (Hg.) 2007, S.17f.
[10] Eberle 2004, S.28
[11] Wenzel, Kirig, Rauch 2008, S.22
[12] Die Zielgruppe LOHAS wird in Kapitel 3 ausführlich erklärt, deswegen werden in diesem Kapitel keine weiteren Ausführungen über die neue, grüne Zielgruppe vorgenommen.

lungen. Der Jugendkult im höheren Alter nimmt immer weiter zu und auch das Bedürfnis nach eigener Individualität entwickelt sich zu einem Megatrend. Damit wird die Selbstinszenierung in unserer modernen Kommunikationsgesellschaft zum wichtigsten Erfolgsfaktor.[13]

Einen weiteren Megatrend findet man im Nahrungsmittelsektor, der den Gesundheitstrend repräsentiert und sich analog zum Gesundheitsbewusstsein entwickelt, was im nachfolgenden Kapitel näher ausgeführt wird.

2.2 Der neue Bio-Boom

Seinen Ursprung hat der Bio-Boom in den siebziger Jahren, in denen die ersten Naturkostläden eröffnet wurden, die jedoch nur eine kleine und überwiegend ideologisch motivierte Zielgruppe angesprochen haben. Im Zuge der Umweltbewegung der achtziger Jahre wuchs die Anzahl der Bio-Läden rasant und in den neunziger Jahren war die Nachfrage so hoch, dass auch konventionelle Lebensmittelhändler in den Markt einstiegen und Bio-Produkte in ihr Sortiment aufgenommen haben.[14] Der Trend zu einer gesunden Lebensweise hat somit auch die Marktbedingungen in der Lebensmittelbranche verändert. Dies zeigen auch die stetig wachsenden Umsätze innerhalb der Bio-Branche, die seit 2003 in Deutschland im zweistelligen Bereich liegen.[15] Dieser immer noch andauernde Aufschwung wurde letztendlich auch dadurch erzeugt, dass immer mehr Bio-Supermärkte in den Markt eingetreten sind und sogar Discounter das Prinzip „Gut – Günstig – Gesund" aus Imagegründen und zur Umsatzsteigerung nutzen wollten und immer noch wollen. Plus führte im Jahr 2002 als erster Discounter seine Bio-Eigenmarke „Bio-Bio" ein, worauf nahezu alle Discounter und auch Supermärkte schnell reagierten und es Plus gleichtaten.[16] Aber nicht nur das Angebot an Bio-Produkten steigt, sondern auch die Einkaufsstätten sind auf dem besten Wege sich von Supermärkten zu Klimamärkten zu entwickeln, wie es Tengelmann mit einem derzeit deutschlandweit einzigartigem Projekt vormacht. Solaran-

---

[13] Eberle 2004, S.36
[14] Stockebrandt, Berner, Spiller 2005, S.3
[15] Laut dem Berliner „Tagesspiegel", der sich auf die Zentrale Markt- und Preisberichtstelle der Agrarwirtschaft (ZMP) beruft, stieg der Umsatz der Bio-Branche im Jahr 2007 um 15 Prozent auf mehr als fünf Milliarden Euro, vgl. Handelsblatt 2008 [Stand: 26.07.09]
[16] Stockebrandt, Berner, Spiller 2005, S.4

lagen auf dem Dach, energiesparendes Beleuchtungssystem, Regenwassersammelstationen, ein auf die Kundenzahl reagierendes Lüftungssystem usw.[17]

Als Ursache für die wachsende Begeisterung an nachhaltigen Produkten vermutet u.a. die Studie des Zukunftsinstituts die häufig auftretenden Lebensmittelskandale innerhalb der letzten Jahre,[18] wie der BSE-Skandal, die Schweinepest oder auch der „Gammel-fleisch-Skandal". Ein aktueller Skandal, der derzeit großes Aufsehen in der Gesellschaft und in den Medien erlangte, ist die Herstellung von künstlichem „Analog-Käse" oder „Schummel-Schinken". Der Konsument fühlt sich betrogen, er möchte Gewissheit über seine gekauften Produkte haben und genau dies könnte die steigende Begeisterung für ökologische Produkte begünstigt haben. Dies zeigen auch einige Kommentare zu dem Artikel „Putenfilet nur aus Fleischstückchen", der auf der Seite von t-online publiziert wurde. „[...] Das Beste wird sein, wir kommen wieder alle „zurück zur Natur" und bauen unsere Nahrungsmittel selber an,"[19] „Prinzipiell sind unsere Probleme [...] hausgemacht. Wir wollen alles BILLIG, BILLIG haben. [...] In meinen Augen muss der richtige Weg heißen: ZUÜCK ZU DEN WURZELN! [...]"[20]

Im gleichen Zuge ist die Herkunft der Ware von großer Bedeutung für die Konsumenten. So wollen 60 Prozent der Konsumenten laut einer Forsa-Umfrage zukünftig beim Einkauf auf die regionale Herkunft der Ware achten und mehr als die Hälfte der Bevölkerung kauft bereits mehr als einmal pro Jahr direkt beim Bauern.[21] Auf dieses Bedürfnis hat der Markt bereits reagiert, indem z.T. Informationen zum Herstellungsort und der -art auf dem Produkt-Etikett vermerkt sind. Dies ist z.B. bereits bei Eiern der Fall, die mit Stempeln versehen sind. Den Konsumenten wird demnach eine große Angebotsvielfalt auf dem Grünen Markt geboten und sie können durch die Vielzahl der Distributionswege ihre präferierte Einkaufsstätte auswählen, die eher traditionell oder eher modern ausgerichtet sein kann.

Durch die Discounter wird ihnen sogar die Möglichkeit gegeben im Billigpreis-Segment Bio-Produkte zu erwerben. Auch Convenience-Produkte profitieren vom neuen Bio-Boom, wie z.B. von Frosta. Durch ihr selbst auferlegtes Reinheitsgebot, das den Verzicht auf Zu-

---

[17] Junge Karriere 05/2009, S.21
[18] Zukunftsinstitut (Hg.) 2008 S. 52
[19] Kommentar zum Artikel auf t-online.de von Egal (Nickname) 2009
[20] Kommentar zum Artikel auf t-oinline.de von selly (Nickname) 2009
[21] Zukunftsinstitut (Hg.) 2008, S. 52

satzstoffe, künstliche Aromen, Geschmacksverstärker, etc. verlangt, baute das Unternehmen im Jahr 2006 seine Marktführerschaft aus.[22] Da die LOHAS neben ihrer moralischen Vorstellung zugleich auch Genießer sind, wird das Thema „Bio" auch in der Süßwarenbranche, ebenso wie in der Fast-Food-Branche immer wichtiger. Bekannte Marken, wie RitterSport, tragen das Bio-Siegel auf ihrer Verpackung und McDonald's hat bereits im Jahr 2003 Bio-Milch in sein Sortiment aufgenommen.[23] Ein weiterer Sektor für die Bio-Branche ist die Gastronomie. Immer mehr Restaurants und Kantinen setzen auf gesunde und ökologische Produkte und versuchen damit die neue Zielgruppe zu erreichen.

2.3 Erfolgspotenziale vs. Risiken des Grünen Marktes

Die Öko-Branche wird in der heutigen Krisenzeit zu einer Art Rettungsanker, denn Unternehmen die auf die grüne Strategie setzen, haben, laut Torsten Henzelmann, Umwelttechnik-Experte bei der Unternehmensberatung Roland Berger, eine vielversprechende Zukunft. Diese Annahme stützt er auf das wachsende Umsatzvolumen der Umwelt-Technik-Unternehmen, die je nach Segment eine Steigerung zwischen fünf und 30 Prozent in den letzen zwei Jahren generieren konnten.[24] Laut den Studienergebnissen, die in Kapitel 3 noch näher beleuchtet werden, hat das Green Business Erfolgs versprechende Chancen für die Zukunft, denn die neue LOHAS-Euphorie könnte sich in der Gesellschaft weiter ausweiten und die Umsätze der Unternehmen auf dem Grünen Markt stabilisieren und sogar weiter steigen lassen. Der Konsument zeigt laut einer Studie von Ernst&Young aus dem Jahr 2007 die Bereitschaft sowohl die Marke zugunsten eines Bio-Produktes zu wechseln (75,2%), als auch den Händler (55,8%)[25]. Ein Leben im Einklang mit der Natur ist für viele Konsumenten heute sehr wichtig, denn materielle Werte allein reichen nicht mehr aus. Dabei wird nicht auf Moderne verzichtet, allerdings ist auch das Pflichtgefühl und die moralische Vorstellung als Grundvoraussetzung der LOHAS für Unternehmen zu beachten. Demnach, so scheint es, kann nur das Unternehmen seine Chancen auf dem Grünen Markt nutzen, das auf eine nachhaltige Wertschöpfungskette setzt und den Kunden darüber realitätsbezogen und wahrheitsgemäß informiert. Dennoch ist die Entwicklung des Öko-Booms auch kritisch zu betrachten, denn viele Unternehmen springen auf den grünen Zug auf, um ihr Image zu profilieren, aber blenden die Öffentlichkeit mit imaginären

---

[22] Nachzulesen online im Internet: Frosta 2009 [Stand: 24.07.09]
[23] Schneider 2007, S.185
[24] Wirtschaftswoche 19/2009, S.96
[25] Ernst&Young (Hg.) 2007, S.28

grünen Informationen, was auch als „Greenwashing" bezeichnet wird. Die Möglichkeiten zu diesem Zweck sind vielseitig, wie z.B. Anzeigen, Werbeplakate, PR-wirksame Modellprojekte oder Kooperationen mit Umweltverbänden, usw.[26] Wer den grünen Trend als Unternehmen nur des Trends wegen mitmacht, ist gefährdet an Glaubwürdigkeit und Vertrauen zu verlieren, denn man wird austauschbar. Demzufolge muss die grüne Strategie an die Kernaufgaben des Unternehmens angepasst sein und auch die Kommunikation sollte so betrieben werden, dass sie den Konsumenten optimal erreicht und nicht mit oberflächlichen Informationen verschreckt. Um das Erfolgspotenzial ausnutzen zu können, sollte demnach Konsumentenforschung betrieben werden, um die Bedürfnisse und Wünsche zu identifizieren und die Bereiche des Marketing-Mix an ihnen auszurichten, was sich im weiteren Verlauf dieser Arbeit noch zeigen wird.

Ein weiteres Risiko besteht darin, dass die Grünen Märkte immer komplexer und somit auch undurchsichtiger für den Konsumenten werden. Laut der Diplom-Ökotrophologin Astrid Schobert waren im Jahr 2008 bereits über 40.000 Produkte auf dem Markt, die das staatliche Bio-Siegel tragen und die Anzahl dieser steigt täglich.[27] Neben dem Bio-Siegel gibt es u.a. zahlreiche Verbände, Organisationen, Eigenmarken und Supermärkte, wie den „Blauen Engel", „Demeter", „Naturland" usw., und genau dieser „Begriffsdschungel" erschwert die Transparenz und verunsichert den Konsumenten. Eine gewisse Sicherheit kann der Konsument durch ein Siegel oder durch die namentliche Kennzeichnung „Öko" oder „Bio" sehr wohl erlangen, aber unter der Voraussetzung, dass er über die Verordnungen der EG-Öko informiert wird. Die beiden Begriffe sind gesetzlich geschützt und dürfen auf einem Produkt nur eingesetzt werden, wenn mindestens 95 Prozent der Zutaten aus landwirtschaftlichem oder ökologischem Landbau stammen.[28] Doch die Branche hat längst Wörter gefunden, wie „naturnah" und „aus kontrolliertem Anbau", die den Anschein von Bio-Produkten erwecken sollen, um so ohne staatliches Bio-Siegel vom grünen Boom profitieren zu können. Die Intransparenz des Marktes, verursacht durch den hohen Wettbewerbsdruck, führt zu Verunsicherung bei den Konsumenten und stellt demnach ein großes Risiko bei unzureichender Information für die Bio-Branche dar.

Zugleich ist es fraglich, ob die LOHAS überhaupt mit dem Kauf eines Bio-Produktes eine soziale Tat oder ein Statement verbinden, wie es in den siebziger und achtziger Jahren

---

[26] LobbyControl- Initiative für Transparenz und Demokratie (Hg.) 2007, S.2
[27] Schobert 2008, S. 4
[28] Ernst&Young (Hg.) 2007, S. 8f.

der Fall war. Die Frage stellt sich, da die LOHAS sehr bequem sind und die Mehrheit von ihnen nicht die Bereitschaft mitbringt mehr Geld für Bio-Produkte auszugeben, wie die Ergebnisse der Ernst&Young Studie zeigen. Auch die örtliche Nähe zur Einkaufsstätte ist für sie ein wichtiges Kriterium bei ihrem Einkauf. So wollen über 50 Prozent von ihrer Wohnung aus, nicht weiter als fünf Kilo-meter zu ihrem Bio-Händler fahren.[29] Dies könnte zum Risiko für ein Unternehmen werden. Da die Produktionskosten der naturbelassenen und unbehandelten Produkte oftmals aufgrund der Produktionswege und Rohstoffe höher sind, muss auch ein höherer Verkaufspreis angesetzt werden. Die fehlende Akzeptanz eines höheren Preises bei den Konsumenten kann die Umsätze sinken lassen und im schlimmsten Fall zur Existenzgefährdung führen.

Obwohl der Bio-Trend durch einen Wertewandel, der in Kapitel 3 näher erläutert wird, und vermutlich durch andere externe Faktoren[30] Aufschwung erhalten hat, ist der Trend der neunziger Jahre „Geiz-ist-geil" noch nicht ausgestorben. Wenn schon die grüne Zielgruppe aufgrund ihrer moralischen Vorstellungen, laut der Studie des Zukunftsinstituts, nicht dazu bereit ist, mehr Geld für Bio-Produkte zu investieren, welche Zielgruppe ist es dann? Ob dieses Risiko wirklich bei den LOHAS besteht, wird durch die Empirie in Kapitel 5 dieser Arbeit überprüft. Es stellt sich ebenfalls die Frage, ob sich der grüne Trend auch auf die Massen ausweiten wird. Die Chance auf weitere, potenzielle Kunden aus der breiten Masse versucht die empirische Untersuchung in dieser Arbeit aufzudecken.

Wie eben bereits erwähnt, hat der grüne Trend nahezu alle Branchen erfasst, was auf der einen Seite den Wettbewerbsdruck für die Unternehmen erhöht und auf der anderen Seite den Grünen Markt immer komplexer und somit auch intransparenter für den Konsumenten macht. Es bestehen Erfolgspotenziale, aber auch Risiken für den Grünen Markt. Das Risiko für die grüne Branche besteht demnach zum einen darin die LOHAS aufgrund des hohen Preisniveaus zu verlieren und zum anderen gibt es ein Risiko in der Sättigung bzw. Degeneration des Marktes, falls sich die Zielgruppe nicht auf die Massen ausweiten lässt. Um die Risiken für Unternehmen zu minimieren, müssen diese einen besonderen Blick auf die gesellschaftliche Entwicklung und auf die Konkurrenz werfen sowie Konsumentenfor-

---

[29] Ernst&Young (Hg.) 2007, S. 25ff.
[30] Unter externen Faktoren werden hier u.a. die Lebensmittelskandale verstanden (gestützt durch die Ergebnisse der Studie des Zukunftsinstitutes), allerdings fehlt eine valide Überprüfung der Begünstigung des grünen Trends über diesen Faktor. Zugleich soll nicht aus ausgeschlossen werden, dass auch andere externe Faktoren daran beteiligt waren.

schung betreiben, um die Bedürfnisse der LOHAS frühzeitig zu erkennen und darauf reagieren zu können.

Zusammenfassend lässt sich also sagen, dass der grüne Trend auf dem Vormarsch ist und vor allem im Lebensmittelsektor um sich greift. Allerdings dürfen die Nachteile, die die Dynamik des Grünen Marktes mit sich bringen, nicht außer Acht gelassen werden. Die Imageprofilierung der Unternehmen, die Intransparenz des Marktes bezüglich der Siegel und das Greenwashing werden vor allem in der Empirie und den Handlungsempfehlungen noch einmal aufgegriffen.

3. LOHAS – die neue Lifestyle-Avantgarde

3.1 Definition und Begriffserklärung der LOHAS

LOHAS ist ein Akronym und steht für „Lifestyle of Health and Sustainability" – „also auf gut deutsch: Gesundheit und Nachhaltigkeit als Lebensstil."[31] Für die grüne Zielgruppe lässt sich nur schwer eine kurze, valide Definition finden. Dies liegt darin begründet, dass die Zielgruppe LOHAS in ihrer Struktur, ihrer Denkweise und ihren Wertvorstellungen sehr komplex ist. Dennoch versuchen Zielgruppenforscher gerade in der heutigen grünen Zeit, den LOHAS „ein Gesicht zu geben" und ihre Charakteristika präzise zu erkennen und zu beschreiben. Historisch gesehen gibt es die LOHAS, betrachtet man die deutsche Übersetzung, schon seit den siebziger Jahren, wie in Kapitel 2.1.1 erläutert wurde. Früher mehr oder weniger als „Ökos" bezeichnet, gaben Paul Ray und Ruth Anderson den verantwortungsbewussten Bio-Konsumenten im Jahr 2005 zunächst die Bezeichnung „Cultural Creatives", unter dessen Titel sie auch ihr gleichnamiges Buch veröffentlichten.[32] Heute wird dieser Zielgruppe der Name LOHAS zugeschrieben, welcher im Deutschen aufgrund seiner scheinbaren Pluralform nicht unproblematisch ist. Doch gerade das „S" für „Sustainability" ist ein entscheidender Beisatz und drückt den nachhaltigen Lebensstil der grünen Zielgruppe aus. Eine mögliche Beschreibung, aus der persönlichen Sicht des bekennenden LOHAS Christoph Harrach, der den deutschsprachigen LOHAS-Blog „Karmakonsum" betreibt, lautet wie folgt:

> „[...] Unser Konsum ist konsequent ökologisch und fair, ohne auf Modernität zu verzichten. [...] Unser Ziel ist ein nachhaltiges und bewusstes Leben, sodass Generationen von morgen noch eine lebenswerte Umwelt haben. [...] Wir sind kreativ

---

[31] Ernst& Young (Hg.) 2007, S. 11
[32] Ray, Anderson 2000, S.1f.

und setzen häufig andere Prioritäten im Leben als der Durchschnitt. SEIN ist für uns wichtiger als HABEN. Persönlichkeitsentwicklung und Erfahrung wiegt für uns mehr als materieller Überfluß. Zum Glücklich sein schauen wir nach Innen und auf unsere sozialen Beziehungen."[33]

Diese Erklärung wirkt aufgrund der subjektiven Sichtweise authentisch und weist ganz klare Ziele sowie Moral- und Wertvorstellungen auf. Dennoch ist keine klare Definition innerhalb der Beschreibung zu finden, sondern sie zeigt eher typische Charakteristika auf.

Der Vorsitzende des Beirats der „Die Zunft AG" Christoph Hinderfeld, erklärt die Zielgruppe der LOHAS aus einer objektiven Sichtweise heraus wie folgt:

„LOHAS ist ein seit Anfang des Jahrtausends bekannt gewordener Begriff, er steht für "Lifestyle of Health and Sustainability" und markiert einen neuen Lebensstilbzw. Konsumententyp, der sich an Gesundheit und Nachhaltigkeit orientiert. Sowohl in den USA wie auch in Europa dürften ungefähr 30 Prozent der Verbraucher diesem Typ entsprechen. Er wird im ‚Natur- und Outdoor-Urlauber' genauso wie im Kunden von Biosupermärkten und bei Käufern regionaler und nachprüfbarer Produkte entdeckt."

Durch empirische Untersuchungen versuchen zahlreiche Institute und Unternehmen die LOHAS als Zielgruppe einzugrenzen, um ihr Wissen für eine gezielte Konsumentenansprache nutzen zu können. Derzeit gibt es bereits einige Studien auf dem Markt, die die Wertvorstellungen und das Konsumentenverhalten der LOHAS empirisch untersucht haben. Die in dieser Arbeit verwendeten Daten und Fakten stammen aus den derzeit aktuellsten Studien aus den Jahren 2007 und 2008, wie die des Zukunftsinstituts „Zielgruppe LOHAS – Wie der grüne Lifestyle die Märkte erobert", die Studie von Nielsen „Was LOHAS wirklich kaufen" und die Studie „LOHAS" von Ernst&Young.

Nach Wenzel, Kirig und Rauch sind die LOHAS mehr als eine simpel zu berechnende Zielgruppe, denn sie sind strategische Konsumenten und eine neue gesellschaftliche Bewegung, die Werte und Befindlichkeiten in Einklang bringt, die bislang als widersinnig und unvereinbar galten[34]. Sie streben einen gesunden Lebensstil an, wollen zugleich aber nicht auf Genuss verzichten. Nach der Studie von Nielsen sind LOHAS „[...] eine neue,

---

[33] Harrach 2009, online im Internet unter: Karmakonsum.de [Stand: 21.07.09]
[34] Wenzel, Kirig, Rauch 2008, S. 18

ökologisch denkende und handelnde Konsumentenschicht, die Veränderungsprozesse für Wirtschaft und Gesellschaft einleiten."[35] In einer Hinsicht sind sich die betrachteten Studien und die Literatur also einig, und zwar, dass die grüne Zielgruppe eine neue Bewegung im Markt auslösen wird. Eine genaue Definition wird auch dadurch erschwert, dass sich die Zielgruppe sehr schlecht vor allem nach sozio-demographischen Aspekten klassifizieren lässt. Ansätze sind eher in den psychographischen Determinanten zu finden, wie in Kapitel 3.2.1 noch ausführlich erläutert wird. Nach der Studie von Nielsen wird das exakte Erfassen der Zielgruppe zudem dadurch erschwert, dass der Weg zu einem LOHAS als Prozess geschieht und somit individuell verläuft. Während demnach die Begriffsbestimmung der LOHAS als Akronym zu verstehen ist, kann keine eindeutige, valide und kurze Definition der LOHAS aufgrund ihrer Komplexität an dieser Stelle gegeben werden.

3.2 Neuer Lebensstil & neue Konsumkultur

Das Verhalten der Verbraucher wird immer komplexer, da sich innerhalb der Gesellschaft differenzierte Wertesysteme entwickelt haben und stetig weiterentwickeln. Die LOHAS haben ebenfalls ihren eigenen Lebensstil entwickelt und verfolgen ihn je nach Involvierungsgrad mehr oder weniger stringent. Bei der Verfolgung eines progressiven und nachhaltigen Lebensstils sind die folgenden vier Wertdimensionen nach der Studie von Nielsen von besonderer Bedeutung:

- „Nachhaltigkeit und Gesundheit"
- „Genuss und Verantwortung"
- „Technik und Design"
- „Individualität und Community".[36]

Desweiteren wird in dieser Arbeit eine weitere fünfte Dimension hinzugezogen, und zwar „Marketing und Mediennutzungsverhalten", da Einstellungen zu diesen Gebieten sehr wichtige Faktoren für eine optimale Zielgruppenansprache sind. Sie werden ebenfalls mit Daten und Fakten aus den Studien beleuchtet.

Nachhaltigkeit und Gesundheit

---

[35] Nielsen/KarmaKonsum (Hg.) 2008, S. 6
[36] Nielsen/KarmaKonsum (Hg.) 2008, S. 4

Durch ihr Konsumverhalten drücken die LOHAS den Wunsch nach nachhaltiger Unternehmensführung aus, indem sie versuchen Unternehmen zu boykottieren, die nicht nach ihren moralischen Vorstellungen handeln. 76,9 Prozent von 1000 befragten Konsumenten geben die Bereitschaft an, für ein Angebot aus nachhaltiger Produktion den Händler zu wechseln, wie die Ernst&Young Studie aus dem Jahr 2007 feststellte. Die wichtigsten Faktoren bei einer nachhaltigen Produktion - mit einer Bejahung von fast 90 Prozent in jedem Segment - sind für die grüne Zielgruppe u.a. Umweltschutz, Bestands- und Artenschutz sowie der sparsame Umgang mit natürlichen Ressourcen.[37] Für die Beachtung ethischer Gesetze gilt das gleiche. In diesem Zusammenhang spielt die Glaubwürdigkeit und das Vertrauen gegenüber dem Handel und dem Produzenten eine große Rolle, denn die LOHAS erwarten ein Garantieversprechen von beiden Seiten gleichermaßen.

Auch das physiologische Bedürfnis nach Gesundheit ist eine typische Charaktereigenschaft der Neo-Ökologen und wird für sie sogar zum Lebensziel. Diese Bewusstseinsveränderung ist nicht nur in der Zielgruppe der LOHAS verankert, sondern spiegelt sich auch im gesamtgesellschaftlichen Bild Deutschlands wieder. 76 Prozent der Deutschen geben an, dass Gesundheit sie glücklich macht[38]. Gesundheit hat sich in der heutigen Zeit zu einem Lifestyle-Produkt und Konsumgut entwickelt für das der Konsument eine hohe Bereitschaft auch gegenüber dem Preis mitbringt.[39] Demgegenüber stehen die Ergebnisse der Studie von Ernst&Young. Demnach sind zwar 77,6 Prozent der LOHAS generell dazu bereit für Bio-Qualität mehr zu zahlen, jedoch erreicht die Höhe des Mehraufwandes ihre Grenze bereits bei zehn Prozent.[40] Auf den Trend der proaktiven Gesundheit hat der Markt bereits reagiert, denn gerade der Freizeit- und Sportbereich, wie Walken, Klettern, Radfahren usw. wird von den LOHAS geprägt und generiert wachsende Umsätze.

Genuss und Verantwortung

In der Kultur der LOHAS bildet sich immer mehr ein neues Genießertum heraus. Trotz der Forderung nach Ursprünglichkeit und Vertrauenswürdigkeit der Produkte wollen die LOHAS nicht auf Kompromisse im Konsum eingehen und sich diesem erst recht nicht ver-

---

[37] Ernst&Young (Hg.) 2007, S.32ff.
[38] Wenzel, Kirig, Rauch 2008, S. 105
[39] Wenzel, Kirig, Rauch 2008, S. 105
[40] Ernst&Young (Hg.) 2007, S.25; Nielsen/KarmaKonsum (Hg.) 2008, S.14ff.

weigern. Die Kombinationen von Luxus und moralischen Konsum sind vielseitig, so z.B. sind Aldi und Alnatura gleichwertige Anbieter und auch ethisch korrektes Junk-Food ist kein Tabu, genauso wenig wie „Organic Functional Food" (Fertiggerichte). Die Kombination von biologischen Lebensmitteln mit Genuss-Lebensmitteln ermöglicht der Branche, nach Aussage des Zukunftsinstitutes, demnächst auch weiterhin gute Chancen, denn die LOHAS leben den Lebensstil des „Sowohl-als-auch".[41] Das bedeutet im Konkreten, dass sie sich selbst etwas Gutes tun wollen, jedoch nur unter der Voraussetzung ihre eigenen moralischen Vorstellungen zu wahren und die Welt mit ihrem Wirken zu verbessern. Es zählt für sie deswegen das Motto: „Genuss mit gutem Gewissen und ohne Verzicht".[42]

Technik und Design

Diese moralische Einhaltung gilt für sie auch im Bereich der neuen Technologien, zu denen sie eine hohe Affinität haben. Demnach nutzen sie vor allem innovative Umwelt- und Kommunikationstechniken, die die Ressourcen schonen, zugleich wollen sie dabei jedoch nicht auf Hightech-Produkte verzichten.[43] Weitere Angaben sind an dieser Stelle nicht zu machen, da dieser Aspekt noch nicht näher untersucht wurde. Design, Ästhetik und Kunst haben schon lange in der Gesellschaft an Bedeutung gewonnen und sie werden oftmals als Verkaufs-Tool eingesetzt, da sie den Kaufanreiz erhöhen können. Die LOHAS zeichnen sich besonders durch ihren hohen Anspruch an Gestaltung und ihr Gespür für Zeitgeist aus, denn in einem individuellen Design können sie sich selbst verwirklichen. Dies kann in den eigenen vier Wänden sein, aber auch durch den Kauf eines individuellen Produktes[44], d.h. es sollte „Consumer generated" ausgerichtet sein. Die Vereinbarung von modernem Design und ökologischem Anspruch an Form ist für die LOHAS sehr wichtig und deswegen ist „grünes Design" gutes Design.[45]

Individualität und Community

Die Individualität bzw. Selbstverwirklichung ist ein entscheidendes Kriterium für die LOHAS, welches sie in nahezu allen Lebenssituationen und in der Gestaltung ihres Alltags,

---

[41] Wenzel, Kirig, Rauch 2008, S. 18
[42] Wenzel, Kirig, Rauch 2008, S. 97
[43] Nielsen/KarmaKonsum (Hg.) 2008, S.8
[44] Wenzel, Kirig, Rauch 2008, S. 150ff.
[45] Wenzel, Kirig, Rauch 2008, S. 160/165

d.h. ihrem Freizeitverhalten, ihrer Gestaltung ihres Heims und in ihrem Konsumverhalten ausdrücken. Die Individualität steht in starker Wechselbeziehung mit dem gemeinschaftlichen Verhalten. Die LOHAS versuchen abermals einen scheinbaren Widerspruch zu vereinen, indem sie zwar ihre individualisierten Lebensstile verfolgen, aber in einer starken Vernetzung mit ihrer subkulturellen Wertegemeinschaft stehen.[46] Das kann z.B. die Begegnungen in der gleichen Einkaufsstätte, wie dem Bio-Markt oder dem Wochenmarkt sein oder auch über das Online-Netzwerk geschehen. Vor allem das Internet dient den LOHAS als Leitmedium, in dem sie die interaktiven Dienste des Web 2.0 nutzen. Sie kommunizieren oft über ihre sozialen Netzwerke, wie Internet-Communities. Die Anzahl deutscher grüner Internet- und Blogseiten, wie www.karmakonsum.de, www.lohas.de, www.lohas-blog.de, usw. ist derzeit schon beachtlich und scheint weiterhin anzusteigen, denn „[...] was den LOHAS-Lifestyle ausmacht, findet in den Foren der in der Regel jungen Blogger statt."[47]

Marketing und Mediennutzungsverhalten

Eine für das Zielgruppenmarketing, das in dieser Arbeit von herausragender Bedeutung ist, ganz entscheidende Behauptung stellen Kirig, Wenzel und Rauch auf: „[...] LOHAS wollen sich nicht überreden lassen, sie möchten auf Augenhöhe kommunizieren."[48] Des Weiteren fordern sie eine substanzielle und informationsbezogene Kommunikation von den Unternehmen durch eine transparente und klare Ansprache, lassen sich jedoch zugleich auch gerne faszinieren. Dies geschehe allerdings über andere Formen als über die klassische Werbung.[49] Dieser Studie ist leider nicht zu entnehmen auf welche Methode und welche Ergebnisse sich diese Aussagen stützen, sie wirken damit sehr „oberflächlich". Die Ergebnisse der Studie von Nielsen zeigen auf, dass die von ihnen segmentierten LOHAS-Typen unterschiedliche Einstellungen zum Thema Werbung haben. Während z.B. die „Ideologen" die Werbung für gänzlich überflüssig halten und sich von ihr belästigt fühlen, herrscht eine Akzeptanz bei der Typologie „Genügsame Bewahrer", die diese als Grundvoraussetzung für einen Durchblick bei der Produktvielfalt ansehen.[50] Da eine solide

---

[46] Nielsen/KarmaKonsum (Hg.) 2008, S. 8
[47] Wenzel, Kirig, Rauch 2008, S. 29
[48] Wenzel, Kirig, Rauch 2008, S. 16
[49] Wenzel, Kirig, Rauch 2008, S.16
[50] Die Nielsen Studie hat zur Grundlage die fünf LOHAS-Typen von KarmaKonsum und befragt 15.000 Haushalte zu ihrem Einstellungsverhalten in puncto Mediennutzung, Ernährung und Frei-

Erkenntnis zur Akzeptanz verschiedener operativer Marketinginstrumente für ein Unternehmen ein entscheidender Schlüsselfaktor ist, wird dies durch die in dieser Arbeit eigens durchgeführte Empirie näher untersucht.

Das Mediennutzungsverhalten der LOHAS in Deutschland ist bisher nur vage untersucht worden. Die Ergebnisse der Nielsen-Studie zeigen, dass die „Reifen" und „Community-LOHAS" überregionale Tageszeitungen, politische Magazine sowie zeit- und sozialkritische Berichte im Fernsehen nutzen und sich mit diesen kritisch auseinandersetzen.[51] Die anderen LOHAS-Typen interessieren sich eher weniger für das aktuelle Zeitgeschehen. Das Internet, von der Zukunftsstudie als Leitmedium der LOHAS tituliert, findet in der Studie von Nielsen keine Beachtung, obwohl die zahlreichen informativen Internetseiten, Blogs und Communities stetig an Popularität bei den LOHAS gewinnen. Laut Christoph Harrach greifen um die 1000 User auf seinen Blog „KarmaKonsum" zu[52], was eine gewisse Affinität zum Internet vermuten lässt. Da sich die heutige Gesellschaft zu einer Mediengesellschaft entwickelt hat, ist - trotz der Ergebnisse der Nielsen-Studie - davon auszugehen, dass auch die LOHAS andere Medienformen nutzen.[53] Diese Annahme liegt auch darin begründet, dass der grüne Lifestyle und das Thema „Bio" in nahezu allen Medien, wie Zeitschriften, Fernsehsendungen, Zeitungen usw. weit oben auf der Agenda stehen, wie in Kapitel 4.2.2 erläutert wird.

3.2.1 Psychographische Einflussgrößen auf das Einkaufsverhalten der grünen Zielgruppe

Um eine annähernde Prognose über das Konsumentenverhalten einer Zielgruppe geben zu können, sind psychographische Variablen, die sich nach Kroeber-Riel in aktivierende und kognitive Prozesse unterteilen lassen, von entscheidender Bedeutung.[54] Aktivierende Prozesse umfassen alle Vorgänge, die mit inneren Erregungen und Spannungen verbunden sind und das Verhalten antreiben. Kognitive Prozesse sind Vorgänge bei denen das Individuum Informationen aufnimmt, verarbeitet und speichert. In diesem Abschnitt werden

---

zeit- und Einkaufsverhalten. An dieser Stelle wird die Clusterbildung nicht weiter ausgeführt, ist jedoch nachzulesen in der Studie 2007, S. 6ff.
[51] Nielsen/KarmaKonsum (Hg.) 2008, S.12
[52] Online im Internet: Süddeutsche 2009 [Stand: 20.07.09]
[53] Diese Vermutung bedarf einer genaueren empirischen Überprüfung, die in dieser Arbeit aufgrund des Umfangs und der begrenzten Zeit nicht durchgeführt werden kann.
[54] Kroeber-Riel, Weinberg 2003, S.49

nur die aktivierenden psychographischen Determinanten vorgestellt, wie Bedürfnisse, Einstellungen und Werte, da sie die Basis für das Konsumentenverhalten der Zielgruppe und somit auch von großer Relevanz für die Zielgruppenforschung der LOHAS sind. Das Zusammenspiel der psychischen Determinanten formt den Lebensstil des einzelnen Individuums, der sehr individuell sein kann. Laut Trommsdorff wurzelt das marketingrelevante Konstrukt ‚Lebensstil' in der Psychologie der Persönlichkeit.[55] Dennoch können sich Lebensstil-Trends bei den heterogenen Individuen abzeichnen, die sich sehr ähnlich sind und die dann im Bereich des Marketings als eine homogene Zielgruppe zusammengefasst werden. Bei der Zielgruppenforschung werden demnach Merkmale gesucht, nach denen sich bestimmte Konsumenten unterscheiden lassen, wie das nachfolgende Modell verdeutlicht, das eine Weiterentwicklung des Schemas intervenierender Variablen von Kroeber-Riel ist.[56] Die Darstellung soll einen Überblick über die in dieser Arbeit vorgestellten psychographischen Determinanten geben. Des Weiteren wird die grüne Zielgruppe in Modelle bzw. Forschungsmethoden implementiert.

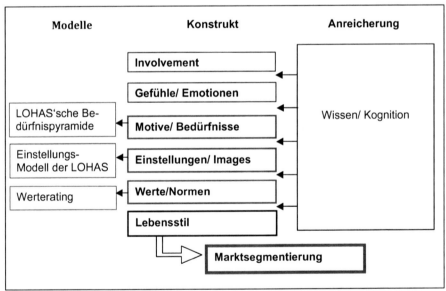

Abbildung 1: Übersichtsgraphik: Integrierte Modelle der psychographischen Einflussgrößen auf die LOHAS
(Quelle: Eigene Darstellung in Anlehnung an Trommsdorff/Kroeber-Riel)

---

[55] Trommsdorff 2009, S. 194
[56] Trommsdorff 2009, S. 30ff.

Im nachfolgenden Kapitel werden die Konstrukte der Bedürfnisse, Einstellungen und Werte näher ausgeführt, da sie entscheidende Determinanten für das Konsumentenverhalten sind und zu ihnen bereits erste Ergebnisse bzw. Ansätze aus der Zielgruppenforschung der LOHAS vorliegen. Die anderen Konstrukte sollen an dieser Stelle der Vollständigkeit halber kurz erläutert werden, haben jedoch keine besondere Relevanz für die Arbeit.

Die erste Stufe des Modells ist die Aktiviertheit einer Person, die durch innere und äußere Stimuli, wie Nachdenken oder Musik hören, ausgelöst wird und die den Grad des Bewusstseins anzeigt. Für das Konsumentenverhalten sind die Aktiviertheit und die besondere Form des Involvement von entscheidender Bedeutung, da sie die Bereitschaft zur Informationsaufnahme und -verarbeitung anzeigen.[57] Gefühle werden im Gegensatz zu Emotionen mehr oder weniger bewusst wahrgenommen und können durch innere oder äußere neuronale Vorgänge entstehen. Kognitive Prozesse umfassen die Informationsaufnahme, Informationsverarbeitung und die Informationsspeicherung und dienen dazu, das Verhalten des Individuums zu kontrollieren und zu steuern.[58]

Im Folgenden werden Definitionen zu den jeweiligen psychischen Determinanten gegeben, um die Begrifflichkeiten näher zu erklären und um Unterschiede zwischen diesen aufzudecken. Abschließend werden die Ergebnisse der Studie über die LOHAS in verschiedene Modelle aus der Theorie des Konsumentenverhaltens implementiert. Dieser Abschnitt ist ein sehr entscheidender in dieser Arbeit, da ein detailliertes Wissen über den Konsumenten und sein Verhalten bezüglich seiner Kaufabsicht die entscheidende Basis für das strategische und operative Marketing ist.

Ein Bedürfnis ist die Empfindung eines Mangels mit dem Wunsch, ihn zu beheben, [...] was zu konkreten Zielvorstellungen führt, die auf die Beseitigung des zugrunde liegenden Mangels gerichtet sind."[59] Diese Diskrepanz zwischen gegebenem und erwünschtem Zustand ist der Antrieb zum Kaufverhalten und deswegen ein entscheidender Faktor in der Käuferverhaltensforschung. Bedürfnisse sind lebenszyklisch[60], d.h. sie können je nach Lebensabschnitt differieren und auch situative Faktoren üben einen entscheidenden Einfluss auf die Bedürfnisse aus. Im direkten Zusammenhang mit den Bedürfnissen stehen

---

[57] Trommsdorff 2009, S.30
[58] Kroeber-Riel 2003, S. 223
[59] Von Uexküll 2008, S.1360
[60] Schmitz, Kölzer 1996, S.78

zudem Wünsche, die dem Konsumenten die Möglichkeit geben ihre Bedürfnisse zu befriedigen.

Ein bedeutendes und anerkanntes Modell ist die Bedürfnispyramide von Maslow, die oft als Ausgangspunkt für Erklärungsversuche im Käuferverhalten dient. Maslow geht von fünf Gruppen von Bedürfnissen aus, die hierarchisch angeordnet sind. Sie liegen dem Vorrangigkeitsprinzip zu Grunde, d.h. ein niedrigeres Bedürfnis muss immer erst erfüllt sein, um ein höheres zu aktivieren.[61] Dieses Prinzip wurde schon öfter kritisiert, da situative Einflüsse und individuelle Lebensstile der Individuen unterschiedlich auf die Bedürfnisse einwirken, was auch auf die LOHAS zutrifft. Aus Marketingsicht werden sie oftmals als homogenes Marktsegment be-trachtet, aber innerhalb der Gruppe sind sie heterogen. An dieser Stelle wird von der homogenen Gruppe LOHAS und dem Standardmodell ausgegangen, da noch keine validen empirischen Ergebnisse zur Bedürfnishierarchie vorliegen. Ob die Rangordnung der Bedürfnisse der LOHAS der von Maslow entspricht, wird im empirischen Teil dieser Arbeit überprüft.

Abbildung 2: Die Maslow'sche Bedürfnispyramide
(Quelle: Eigene Darstellung in Anlehnung an Maslow 1970)

---

[61] Schmitz, Kölzer 1996, S. 73

Einstellungen sind ein „[...] Zustand einer gelernten und relativ dauerhaften Bereitschaft, in einer entsprechenden Situation gegenüber dem betreffenden Objekt regelmäßig mehr oder weniger stark positiv bzw. negativ zu reagieren."[62] Einstellungen richten sich also stets an Gegenständen aus und über sie wird ein subjektives, emotional und kognitiv fundiertes Urteil gefällt.[63] Sie werden auch durch die Drei-Komponenten-Theorie beschrieben, das als „heuristisches Orientierungsschema" dient.[64] Die Konsumenten können somit auf drei verschiedenen Ebenen regieren. Die *kognitive* Ebene bringt das Wissen über das Objekt zum Ausdruck. Die *affektive* Komponente beschreibt die emotionale Bindung des Konsumenten an ein Objekt und die *konative* Komponente die auf dieses Objekt gerichtete Handlungsbereitschaft.[65] Durch gezielte Messmethoden, wie z.B. die Konsumentenbefragung via Fragebogen oder Rating-Verfahren können die Einstellungen der Zielgruppe weitestgehend identifiziert werden.

Besonders relevant ist demnach diese Untersuchung innerhalb der Produkt- und Werbeforschung, da die Einstellungen Einfluss auf das Kaufverhalten haben. Einstellungsdimensionen hängen im Allgemeinen sehr eng mit Werten zusammen und bestimmen die Anforderungen an die Kernleistungen des Handels.[66] Die Einstellungen der LOHAS zeigen sich besonders in der Lebensmittelbranche, die stetige Umsatzsteigerungen generiert, wie in Kapitel 2 näher ausgeführt wurde. Nur wenn ein Konsument mit den Eigenschaften eines Produktes bzw. einer Dienstleistung und dem Umfeld zufrieden ist, kann er langfristig gebunden werden.

Werte unterscheiden sich von Bedürfnissen in der Hinsicht, dass sie von historisch-gesellschaftlichen Einflüssen gebildet werden, d.h. durch die gesellschaftliche Umwelt, Erziehung sowie das Aufwachsen mit bestimmten Konsumgewohnheiten.[67] Da Werte das Verhalten und die Konsummuster breiter Bevölkerungsschichten beeinflussen und relativ stabil innerhalb einer Generation sind, haben sie eine besondere Bedeutung für das strategische Marketing. Zwar sind die LOHAS laut der Nielsen Studie erst in 30 Prozent der

---

[62] Trommsdorff 2009, S. 146
[63] Kroeber-Riel 2003, S. 169
[64] Kroeber-Riel 2003, S. 170
[65] Balderjahn, Scholderer 2007, S.65f.
[66] Schmitz, Kölzer 1996, S. 97f.
[67] Schmitz, Kölzer 1996, S.78

Haushalte zu finden, dennoch sind sie nicht mehr als gesellschaftliches Randphänomen zu betrachten,[68] sondern formieren ihre eigenen Wertvorstellungen und Ziele.

Ein detailliertes Wissen über die Wertvorstellungen der LOHAS scheint auch für die Zukunft nützlich zu sein, denn alle vorliegenden Studien gehen davon aus, dass diese Zielgruppe langfristig im Markt bestehen wird.
Die Messung von Werten geschieht nach klassischen Befragungsmethoden und bis heute sind zahlreiche Werteskalen entwickelt worden. So lassen sich Werte feststellen und nach der empirischen Untersuchung eine Wertehierarchie aufbauen. Hildebrandt hat 1983 eine deutsche Konsumententypologie vorgenommen, welche aus acht Zielaussagen besteht, die zu vier Konsumentenwerte-Faktoren gruppiert sind.[69] Die befragten Konsumenten beurteilten die Aussagen auf einer Werteskala nach ihrer persönlichen Übereinstimmung. Die nachfolgende Grafik zeigt die Ergebnisse des Ratings von Hildebrandt.

Selbstwertorientierung	1. Selbstachtung (eigene Wertschätzung)
	2. Gute Freundschaft (Kameradschaft)
Konsumorientierung	3. Vergnügen/Genuss (Unterhaltung, Muße)
	4. Angenehmes Leben (komfortabel, wohlhabend)
Sozialorientierung	5. Soziale Anerkennung
	6. Interessantes Leben (anregend, aktiv)
Familienorientierung	7. Zufriedenheit
	8. Sicherung der Familie

Abbildung 3: Werterating / Konsumententypologien nach Hildebrandt
(Quelle: Trommsdorff 2009 S. 190)

Auch die LOHAS legen sehr viel Wert auf die Selbstachtung, wollen bei ihrem Konsum nicht auf den Genuss verzichten und ihr Leben interessant gestalten. Eine empirische Überprüfung der Werte-Faktoren anhand der Rating-Methode ist derzeit noch nicht durchgeführt worden. Dennoch lässt sich vermuten, dass das Ergebnis der LOHAS sich teilwei-

---

[68] Nielsen/KarmaKonsum (Hg.) 2008, S.8
[69] Trommsdorff 2009, S. 190

se mit der dargestellten Skala decken wird, was in der Empirie, auch mit Hilfe des Laddering-Verfahrens,[70] näher untersucht wird.

In diesem Abschnitt sind nur einige wenige psychische Determinanten aufgeführt worden, die das Kaufverhalten der Konsumenten bzw. einer bestimmten Konsumentengruppe vorhersehbar machen sollen. Es soll jedoch noch einmal ausdrücklich erwähnt sein, dass eine monokausale Begründung der Einflussfaktoren aufgrund der Komplexität und Vielfalt dieser Einflussfaktoren nicht gegeben werden kann. Die Determinanten sollen dabei helfen das Verhalten eines Konsumenten besser verstehen und identifizieren zu können. Dabei darf jedoch nicht außer Acht gelassen werden, dass auch genetische, soziale, situative und externe Effekte Einfluss auf die Persönlichkeitsentwicklung und den Lebensstil haben. Deswegen ist die Erklärung eines Verhaltens nur mit einer beschränkten Aussagekraft behaftet und auch die Fähigkeit des Marketings hinsichtlich einer Änderung der Persönlichkeit beschränkt. Dennoch ist das Marketing ein nicht wegzudenkender Bestandteil des Unternehmenserfolges, wenn genug Wissen über die Wünsche der Kunden vorhanden ist.[71]

3.2.2 Herausforderungen der psychographischen Zielgruppenklassifikation

Im Marketing bestehen schon seit Jahren Ansätze, die Konsumenten anhand ihrer soziodemographischen oder sozioökonomischen Kriterien zu segmentieren. In Deutschland hat es laut Niesel in den letzten Jahren immer mehr Diskussionen über die Relevanz von Lebensstilen und sozialen Milieus gegeben.

> „Obwohl ‚vertikale' Zielgruppeneigenschaften wie Bildungs-, Besitz- und Einkommensunterschiede zweifellos relevante Einflussgrößen auf das menschliche Verhalten darstellen, werden ‚horizontale' Differenzierungen, wie etwa unterschiedliche Werthaltungen und ästhetische Vorlieben von Forschung und Marketing als wichtiger, ja z.T. als allein bestimmend für ein angemessene Verständnis der Lebensgestaltung angesehen."[72]

---

[70] Die Methodik des Laddering-Verfahrens wird in Kapitel 5.2.3 näher erläutert
[71] Uhe 2002, S.11
[72] Mettenklott, Schimanski 2002, S.335

Demnach ist eine genaue Analyse und Zuordnung der Zielgruppe für die Kommunikationsplanung eines Unternehmens von relevanter Bedeutung. Für die Beschreibung gesellschaftlicher Gruppen können sowohl demographische als auch psychographische Merkmale, wie in Kapitel 3.2.1 erläutert, herangezogen werden.

Zweifelsohne lassen sich die Merkmale nicht voneinander isolieren, denn die soziodemographischen Merkmale beeinflussen die psychographischen Merkmale und setzten somit den Wünschen und Erwartungen Grenzen, vor allem z.b. durch die Höhe des Einkommens. Aber auch ethische Einflüsse sollte man nicht außer Acht lassen, wie kulturelle Rollenverteilungen oder Traditionen. Die Klassifikation der LOHAS hinsichtlich ihrer demographischen Merkmale ist besonders schwer, da die Studien keine bzw. kaum Angaben darüber machen. So kommt auch die Studie von Nielsen zu dem Fazit:

„Mit dem unbefriedigenden Versuch, LOHAS über Alter, Einkommen oder Bildung klar abzugrenzen, bestätigt die vorliegende Studie die gängige Meinung: LOHAS ist keine Zielgruppe, die sich über eine Soziodemografie beschreiben lässt. Weiche Faktoren spielen eine viel größere Rolle."[73]

Es stellt sich demnach überhaupt die Frage nach der Wichtigkeit von demographischen Faktoren Bezug nehmend auf die Zielgruppenforschung in der heutigen Zeit. Betrachtet man die Best Ager (50+ Jahre) oder die werberelevante Zielgruppe der 14 bis 49jährigen, so sollte man darüber nachdenken, ob diese Zielgruppen nicht nur aus marketingtechnischen Zwecken zwanghaft eingegrenzt worden sind. Ein heute Fünfzigjähriger richtet sein Leben nach seinen Wünschen und Bedürfnissen aus und nicht nach seinem Alter. Ebenso ist es paradox, dass diese Zielgruppe nicht zur werberelevanten Gruppe gezählt wird, obwohl sie im Normalfall über ein gutes Einkommen verfügt und der demographische Wandel die Größe dieser Zielgruppe immer weiter ausweiten wird. Die demographischen Faktoren scheinen demnach immer fließender zu werden, dennoch kann man sie nicht komplett eliminieren. Entscheidend in diesem Zusammenhang ist vielmehr die Beziehung zwischen demographischen und sozialen Faktoren, denn ein konservativer älterer Mensch ist in der heutigen Zeit noch sehr von der früheren Zeit geprägt und hält oftmals an seinen Prinzipien fest. Ein moderner Fünfziger kann jedoch auch einen modernen Lebensstil wäh-

---

[73] Nielsen/KarmaKonsum (Hg.) 2008, S. 12

len. Damit zeigt sich erneut, dass Menschen als Individuen agieren und sich schwer klassifizieren lassen.

Die in dieser Arbeit vorgestellte Klassifizierung bedient sich des Positionierungsmodels, das klassischer Weise zur Positionierung von Produkten anhand der Bewertung von kaufentscheidungsrelevanten Eigenschaften für die Konsumenten genutzt wird. Meist werden dann die beiden bedeutendsten Entscheidungskriterien herausgefiltert, die die Determinanten des Positionierungsmodells bilden.[74] Die Ausprägung der psychographischen Einflussfaktoren der Einstellung könnte auch dazu genutzt werden die LOHAS zu klassifizieren.[75]

Anhand der Determinante der Kaufhäufigkeit von Bio-Produkten und der Determinante der Bereitschaft zu einem Mehraufwand bezüglich der aufgebrachten Strecke, kann der jeweilige LOHAS-Typ abgelesen werden. Die LOHAS mit der stärksten Ausprägung dieser Eigenschaften sind als „Mission-Driven LOHAS" in diesem Modell betitelt. Die LOHAS, die z.B. nur gelegentlich nachhaltigen Konsumgüter erwerben und deren Bereitschaft für den Mehraufwand des Auslebens des Lebensstils eher gering ausfällt werden als „Basic LOHAS" in der Graphik bezeichnet. Zu den „Pre-LOHAS", die die schwächste Form der LOHAS darstellen, werden diejenigen zugeordnet, die sehr selten ökologische Waren konsumieren und die kaum bzw. gar keine Bereitschaft haben einen höheren Preis zu zahlen. Diese Klassifikation wird später im empirischen Teil noch einmal aufgegriffen, um die Verteilung bzw. den Anteil der jeweiligen LOHAS-Typen hinsichtlich dieser Determinanten festzustellen.

---

[74] Peter 2007, S.142
[75] Das hier angewandte Modell kann für jede beliebige Größe aus dem Marketing-Mix angewandt werden. Aufgrund der Einschränkung in dieser Arbeit werden hier die Bezugsgrößen der Kaufhäufigkeit und der Bereitschaft zur aufgebrachten Strecke gewählt, die im empirischen Teil überprüft werden.

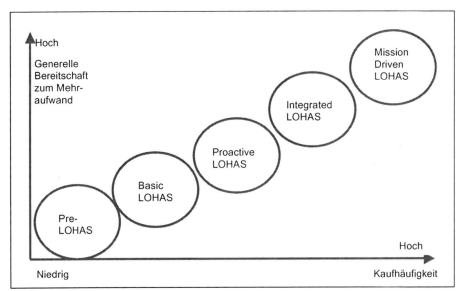

Abbildung 4: Konsumententypen LOHAS
(Quelle: Eigene Darstellung in Anlehnung an Strandberg Consulting [Stand:20.07.2009]

nus Milieus.

„Sinus Milieus sind Lebensstilgemeinschaften, in denen sich Menschen wiedererkennen, die Vorlieben und Abneigungen in der Lebensführung, im Ausdruck der eigenen Person, in ihren Gewohnheiten, in ihrer Sicht der Dinge, ihren Kommunikationsgewohnheiten teilen."[76]

Das Modell beinhaltet zum einen die sozio-ökonomische Dimension (vertikal), d.h. die Schichtzugehörigkeit und zum anderen die psychographische Dimension (horizontal). Da dieses Modell im Bereich des Marketings- und der Kommunikation sehr bekannt ist, wird an dieser Stelle darauf verzichtet die einzelnen Milieus vorzustellen. Nur die für dieses Kapitel relevanten Milieus werden im Nachfolgenden detailliert erläutert. Dass die LOHAS, wie zuvor beschrieben, eine Zielgruppe voller Widersprüche ist, zeigt sich auch in dem Versuch der Klassifikation.

Ein Nachteil des Sinus Milieus besteht darin, dass es als qualitatives Instrument hinsichtlich der Reliabilität und Plausibilität nicht optimal für die Klassifikation geeignet ist. Dies

---

[76] Flaig, Meyer, Ueltzhöffer 1994, S. 63

liegt hauptsächlich darin begründet, dass der Lebensstil eines Menschen sich wandeln kann und oftmals nicht stetig verläuft. Ebenso können sich die Ergebnisse des Clusters durch die Auswahl der Dimensionen stark verändern.[77] Trotz der Nachteile ist das Sinus Milieu in der Konsumentenforschung ein anerkanntes Modell und findet deswegen auch hier Verwendung.

Versucht man die LOHAS einem Sinus-Milieu zuzuordnen, so sind sie zwischen den Postmateriellen und den Hedonisten einzuordnen. Der Begriff Hedonismus (griechisch für „Lust") bezeichnet die Lust als höchstes Gut, die Bedingung zur Glückseligkeit. Allgemein wird der Begriff Hedonist eher als abwertend gesehen, da der Hedonist eine egoistische Lebenseinstellung verfolgt und sich nur an materiellen Genüssen orientiert. Nach Schulze bedeutet der Wandel zum heutigen Hedonismus jedoch [...] dass sich der zeitgenössische Konsum zunehmend in Richtung Erlebnis und Genuss bewegt."[78] Fischer und Wiswede, die die Werteverschiebung in der Gesellschaft untersucht haben, haben in diesem Zusammenhang herausgefunden, dass hedonistische Unbekümmertheit und das Verantwortungsbewusstsein nicht im Gegensatz zueinander stehen, sondern die Genussmoral kontrolliert und dosiert wird.[79]

Für die Postmaterialisten ist das Streben nach materiellen Gütern von geringer Bedeutung, abstrakte Werte, wie Gesundheit, Freiheit, Glück oder Umweltschutz sind für sie wichtiger. Laut der Trendforschung von Sinus Siociovision machen die Postmateriellen zehn Prozent der Bevölkerung aus und sind in allen Altersegmenten und Schichten zu finden. Dennoch verzichten sie nicht ganz auf den Konsum, sondern selektieren die Produkte vorab sehr genau, stehen ihnen kritisch gegenüber und sind aufgrund ihres Körperbewusstseins oft in Bio-Läden zu finden.[80]

Die Gruppe der Experimentalisten vereint die postmateriellen und hedonistischen Charakteristika und ist vor allem durch die Lust etwas Neues auszuprobieren, Mobilität, Unterhaltung und Genuss gekennzeichnet.[81] Zudem sind sie sehr medienaffin, wahren gleichzeitig eine kritische Distanz zu den Medien, um sich ein Bild von der ganzen Welt machen zu

---

[77] Kastin 2008, S.327
[78] Fischer, Wiswede 2002, S. 311
[79] Fisccher,Wiswede 2002, S.311f.
[80] Allgayer, Kalka 2007, S.26ff.
[81] Allgayer, Kalka 2007, S.37ff.

können. Diese Milieu-Gruppe konsumiert gerne, die Kaufentscheidung macht sie jedoch sehr von ihrer Persönlichkeit abhängig und für sie gilt Kult ist wichtiger als Trend, Stil wichtiger als Marken.[82]

Die Betrachtung der drei Milieus zeigt, dass die Hedonisten und die Postmaterialisten in einem gegensätzlichen Verhältnis stehen, da sich die Hedonisten an materiellen Werten orientieren und die Postmaterialisten sich diesen nahezu entziehen. Die Experimentalisten stellen eine Mischform dar, da sie konsumorientiert sind, dies jedoch mit ihren immateriellen Werten vereinen.

Das neue „Öko- bzw. LOHAS-Milieu" kann man zwischen den drei Sinus Milieus einordnen, da sie den Genuss und den Konsum lieben, wie es die Hedonisten tun, aber gleichzeitig auch ihre abstrakten Werte erfüllen wollen. Zudem entsprechen die LOHAS auch den Experimentalisten, da sie in ihrem Lebensstil den Konsum und ihre Moralvorstellung nicht gegensätzlich, sondern gemeinschaftlich vereinen. Die Einordnung erfolgt unter der Betrachtung der LOHAS als homogenes Marktsegment. Dass die LOHAS nicht nur als homogene Zielgruppe angesehen werden können, hat das Positionierungsmodell verdeutlicht. Das LOHAS-Milieu erstreckt sich demnach über die verschiedenen Milieus, da davon ausgegangen werden kann, dass sich die LOHAS, je nach Involvierungsgrad, unterschiedlich orientieren.

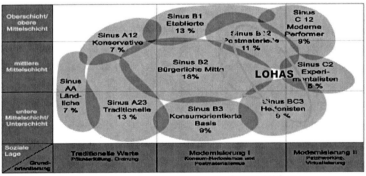

Abbildung 5: Einordnung der LOHAS in die Sinus-Milieus
(Quelle: Eigene Darstellung in Anlehnung an Sinus Sociovision

---

[82] Allgayer, Kalka 2007, S.38

Die gestrichelte Linie soll die mögliche Ausweitung der LOHAS andeuten, was durch die Trendanalysen der Studien gestützt werden kann. Sie alle sehen ein großes Zukunftspotenzial in den LOHAS, wie auch die Studie des Zukunftsinstituts:

> „Aus Müslis werden Marktführer, aus Alternativen werden Avantgardisten. Doch dieses Mal sind die neuen Ökos keine grimmig dreinschauenden Weltverbesserer. Es ist ein zukunftsoffenes, lebensbejahendes Drittel unserer Gesellschaft, das in den nächsten Jahren aller Wahrscheinlichkeit nach die Mehrheit unserer Gesellschaft ausmachen wird."[83]

Das kann bedeuten, dass sich die eben beschriebenen Milieus hinsichtlich ihrer Größe ausweiten werden, die LOHAS auch in dem Milieu der Bürgerlichen Mitte Anklang finden oder ein gänzlich neues Milieu für die LOHAS entsteht.

Zusammenfassend lässt sich sagen, dass die LOHAS durch ihren Lebensstil und die darin beinhaltete Vereinbarung scheinbarer Widersprüche eine sehr schwer zu klassifizierende Zielgruppe ist. Die derzeit vorliegenden Studien aus der Zielgruppenforschung zeigen zwar einige typische Charaktereigenschaften der Zielgruppe auf, liefern jedoch keine Hintergründe über die Methodik ihrer Empirie und auch wichtige Begründungen von Seiten der LOHAS zu ihrem Verhalten bzw. ihrer Einstellung sind nicht erkennbar. Auch in der Literatur finden sich recht oberflächliche Beschreibungen zu den LOHAS, denn es wird stets von einem Wertewandel gesprochen, die Werte werden aber oftmals nicht näher erläutert. Zudem wird keine weitere Eingrenzung hinsichtlich Bedürfnissen und Einstellungen, die ebenfalls wichtige psychographische Dimensionen in der Konsumentenforschung sind, vorgenommen.

Ein weiterer Kritikpunkt ist, dass alle Studien von einem enormen Zuwachs der grünen Zielgruppe innerhalb der nächsten Jahre ausgehen, was zugleich ein großes Zukunftspotenzial für den Grünen Markt bedeutet, sie machen jedoch keine genauen Prognosen. Diese Schwachpunkte zeigen, dass die Forschung auf diesem Gebiet noch weiter ausgeführt werden sollte, wenn man als Unternehmen auf den grünen Zug aufspringen möchte. Wie das Kapitel 3 dargestellt hat, müssen bei der näheren Identifikation dieser Zielgruppe vor allem die psychographischen Determinanten näher erforscht werden, da ein detaillier-

---

[83] Zukunftsinstitut (Hg.) 2008, S.6

tes Wissen über das Konsumentenverhalten der LOHAS die Basis für den Erfolg des Grünen Marketing ist. Obwohl Kirig, Wenzel und Rauch behaupten, dass sich die LOHAS nur schwer über die Form der klassischen Werbung überzeugen lassen, kann man dennoch davon ausgehen, dass sie sich dieser nicht vollständig entziehen und mehr oder weniger bewusst davon beeinflusst werden. Diese Annahme liegt hauptsächlich darin begründet, dass immer mehr Medien den grünen Trend in ihre Berichterstattung aufnehmen und auch Stars und Prominente den grünen Lebensstil vorleben. Fallbeispiele aus den Medien werden im Kapitel 4.2.2 dargelegt.

4. Green Business – Green Marketing als Unternehmensstrategie

In den vorherigen Kapiteln wurde detailliert dargestellt, dass die umweltbewussten und genussorientierten Konsumenten einen starken Einfluss auf den Markt ausüben und nahezu eine „Einkaufsrevolution" auslösen, wie auch Tanja Busse in ihrem Buch „Die Einkaufsrevolution – Konsumenten entdecken ihre Macht" darlegt.[84] Die unzweifelhaft wachsende Masse an Konsumenten mit diesen Eigenschaften nötigt Unternehmen dazu, umzudenken, wollen sie auf den grünen Zug aufspringen und die Situation ökonomisch für sich nutzen.

Der Begriff der Nachhaltigkeit ist derzeit in aller Munde und besonders große, bundesweit und international ausgerichtete Unternehmen richten ihre Kommunikation auf diesen Begriff aus, indem sie Nachhaltigkeitsberichte, Ökobilanzen, usw. publizieren und jene auch

---

[84] Busse, 2006

in ihren Werbebotschaften verwenden. Besonders häufig geschieht dies derzeit in der Automobilbranche, denn nahezu alle Hersteller präsentieren die CO_2-Armut der Autos und den besonders niedrigen Benzinverbrauch. Doch was versteht man eigentlich unter dem Begriff Nachhaltigkeit bzw. nachhaltige Entwicklung genau?[85] Grunwald und Kopfmüller definieren die nachhaltige Entwicklung folgendermaßen:

„Zum einen geht es um eine – eher statische – Erhaltung von natürlichen und kulturellen Ressourcen im Interesse zukünftiger Generationen. Zum anderen steht – dynamisch – die nachhaltige Entwicklung der Gesellschaft im Mittelpunkt, mit der Betonung auf dem Entwicklungsgedanken zur Verbesserung der Situation vieler heute lebender Menschen."[86]

Konzepte zur theoretischen und praktischen Einordnung von nachhaltiger Entwicklung gibt es mehrere, am meisten verwendet wird jedoch das Drei-Säulen-Konzept bzw. das Modell der Triple-Bottom-Line. Dieses befasst sich mit drei Dimensionen:

- „Ökologische Dimension – Eigenschaften des Ökosystems erhalten[87],
- „Ökonomische Dimension – Produktion im nachhaltigen Sinn, Hinterlassen des „Erbes" für zukünftige Generationen[88]
- „Sozialen Dimension" – soziale Verantwortung übernehmen, „Erhaltung des sozialen Friedens".[89]

züglich der Begriffsdefinition.
nachhaltigen Entwicklung durch die Integration der ökonomischen, ökologischen und sozialen Dimensionen durchgesetzt.
Vgl. Müller, Schaltegger 2008, S.42
[86] Grunwald, Kopfmüller 2006, S.8
[87] Grunwald, Kopfmüller 2006, S.43
[88] Grunwald, Kopfmüller 2006, S.48
[89] Grunwald, Kopfmüller 2006, S.49

Abbildung 6: Drei-Säulen-Konzept der CSR
(Quelle: Eigene Darstellung in Anlehnung an Wüthrich, Bleicher 2001, S. 185f.)

Diese drei Dimensionen sind von besonderer Bedeutung für die grüne Zielgruppe, auch hinsichtlich ihres Einkaufverhaltens, wie in Kapitel 3 ausführlich dargestellt wurde. Ein Unternehmen sollte also diese drei Dimensionen vereinen können, wenn es im Grünen Markt langfristig Erfolg haben will. Diesen Ansatz versuchen viele Unternehmen schon umzusetzen. Wie Dietrich Walther in seinem Buch „Green Business – das Milliardengeschäft" anschaulich verdeutlicht, wächst gerade in Amerika das Green Business sehr schnell. Im Silicon Valley, dem Geburtsort des Cyberspace,[90] werden diese Ansätze weiterverfolgt: „Unter den Zukunftstechnologien des 21. Jahrhunderts nehmen die im weitesten Sinne umweltorientierten Neuausrichtungen einen vorderen Platz ein."[91] Dort fühle man sich fast in einen „Öko-Werberummel"[92] versetzt. Dieser Öko-Werberummel findet nun auch in Deutschland großen Anklang. Mit dem Aufschwung der LOHAS müssen die Unternehmen also umdenken. Dies soll nicht nur auf der Basis des Drei-Säulen-Konzeptes geschehen, sondern auch im Bezug auf das Marketing.

4.1 Green Business: Nachhaltige Marketingstrategien

Das Marketing hat heute große Hürden zu überwinden, wenn es die gewünschte Zielgruppe optimal erreichen will. Nicht nur, dass die Märkte immer komplexer werden, auch die Konsumenten sind durch ihre individuellen Lebensstile, Wertvorstellungen und Einstellungen immer schwieriger zu erreichen. Diese Schwierigkeit ist besonders bei der grünen Zielgruppe gegeben, wie die diversen Studien aufgezeigt haben, denn ihr Verhalten ist nicht besonders transparent und sie lassen sich schwer klassifizieren. Wie in Kapitel 3 kurz angerissen, jedoch empirisch noch nicht genau belegt, lassen sich LOHAS nicht oder nur zu einem geringen Teil vom Massenmarketing inklusive der Nutzung von Massenwerbung und Massenabsatzkanälen beeinflussen. Demnach müssen Marketing-Manager für die Ansprache dieser Zielgruppe besondere Wege gehen und sich zunächst ihrer Ziele

---

[90] Walther 2009, S.11
[91] Walther 2009, S.55
[92] Walther 2009, S.55

bewusst werden. Viele Unternehmen legen derzeit großen Wert auf ihr nachhaltiges Operieren und wollen dies ihrer Zielgruppe durch nachhaltiges Marketing kommunizieren.[93]

„Nachhaltiges Marketing-Management ist eine markt-, umwelt-, und sozialgerichtete Konzeption zur Führung einer Unternehmung, die sich dem gesellschaftspolitischen Leitbild der Nachhaltigkeit verpflichtet fühlt und proaktiv sich an den Risiken und Chancen der Märkte orientiert, Umweltschutz betreibt und gesellschaftliche Verantwortung übernimmt."[94]

Da das Marketing auf die Zielgruppe ausgerichtet sein sollte, beziehen Schmidt und Tschochohei diese in ihrer Definition mit ein:

„Nachhaltigkeits-Marketing befasst sich mit der Wechselwirkung von ökologischen und sozialen Problemen von Unternehmen auf der einen Seite und den Kundenbedürfnissen auf der anderen Seite."[95]

Dennoch ist die Nachhaltigkeit für die LOHAS nicht der einzige Aspekt, der für sie einen hohen Stellenwert hat. Wie in Kapitel 3.2 vorgestellt, hat die grüne Zielgruppe vielseitige Facetten, wie die Wertedimensionen aufgezeigt haben. Diese dürfen bei der Wahl der Marketingstrategie und dem Einsatz strategischer und operativer Instrumente nicht unberücksichtigt bleiben. Ein konsistentes und durchdachtes Konzept ist somit für jedes Unternehmen Grundvoraussetzung, um die LOHAS erfolgreich für sich zu gewinnen. Ein bekanntes Modell für die Konzeptionierung ist der Marketing-Management-Prozess von Meffert, der in der nachfolgenden Graphik dargestellt und an die Zwecke dieser Arbeit angepasst wird:

---

[93]Der Begriff des nachhaltigen Marketings ist in der Literatur unterschiedlich interpretiert. Uhe sieht in dem Nachhaltigen Marketing eher die ökonomische Dimension des Drei-Säulen-Konzeptes sowie die Umsetzung der ökonomischen Unternehmensziele. Vgl. Uhe 2002, S.8
[94] Balderjahn 2003, S.48f.
[95] Schmidt, Tschochohei 2008, S.179

Abbildung 7: Marketing-Management-Prozess für den Grünen Markt
(Quelle: Eigene Darstellung in Anlehnung an Meffert, Burmann, Kirchgeorg 2007, S. 20)

Das Konzept soll eine Übersicht über den Planungsprozess des Marketings im Bezug auf die Zielgruppe der LOHAS geben. Grundvoraussetzung für die Planung des strategischen Marketings ist die interne Situationsanalyse des Unternehmens einerseits und die Umweltanalyse, bei der der Blick auf den Grünen Markt ausgerichtet sein soll, andererseits.

Der zweite Schritt ist die Zielgruppenanalyse, um typische Lebensstile und Verhaltensmuster der potenziellen Kunden zu identifizieren, was dazu dient die späteren Maßnahmen adäquat auf die Zielgruppe zuzuschneiden. Der neue Lebensstil und das Konsumentenverhalten wurden bereits in Kapitel 3 beschrieben und sind demnach an dieser Stelle nicht näher zu erläutern. Im nachfolgenden Kapitel wird das strategische Marketing anhand von verschiedenen Modellen vorgestellt. Diese dienen später auch als Grundlage für die Handlungsempfehlungen in Kapitel 8, die auf den Ergebnissen der empirischen Untersuchung basieren.

Die Implementierung der Marketingstrategie in das Management und in die jeweiligen Geschäftseinheiten kann erst umgesetzt werden, wenn alle vorherigen Schritte konsistent verfolgt worden sind und Unstimmigkeiten ausgeschlossen werden können. Da diese Arbeit von allgemeingültiger Bedeutung für Unternehmen sein soll, wird dieser Schritt nicht näher ausgeführt. Dieser sollte jedoch an die Ausrichtung und die Branche des Unternehmens individuell angepasst werden. Ebenfalls unbeachtet bleibt das Marketing-Controlling, das den Erfolg einer Marketingstrategie misst.

4.1.1 Situationsanalyse des Unternehmens auf dem Grünen Markt

„Durch die Situationsanalyse und die Prognose sollen die zukünftigen Chancen und Risiken sowie die unternehmensspezifischen Stärken und Schwächen aufgezeigt werden. Sie bilden die Grundlage für die weiteren Planungsschritte und umfassen alle Dimensionen der Makro-, Mikro- und der Innenwelt."[96]

Die Situationsanalyse muss demnach nach innen und nach außen gerichtet geschehen, um später eine Prognose über die Zukunftschancen des Unternehmens abgeben zu können. Im Bereich des Marketings steht eine Vielzahl von Instrumenten für die Situationsanalyse zur Verfügung. Um Handlungs- und Entscheidungsräume feststellen zu können, eignen sich vor allem die SWOT-Analyse, die Potenzialanalyse und die Lebenszyklusanalyse, etc.[97] Besonders wichtig ist neben der internen Analyse auch die Betrachtung des Marktes. Diese umfasst die Analyse des Marktsegmentes und die segmentübergreifende Marktentwicklung hinsichtlich des politischen, ökonomischen, sozialen und technologischen Umfeldes (PEST-Analyse)[98]. Ebenfalls zu betrachten sind die direkten Wettbewerber, Kunden, Lieferanten, potenzielle Substitute und potenzielle Konkurrenten nach dem Modell von Porter (Five forces).[99] Die Erkenntnisse aus der Unternehmens- und Marktanalyse können anschließend dazu genutzt werden eine Prognose für den Unternehmens- bzw. Produkterfolg anzustellen. Hilfreiche Instrumente sind dabei die Szenario-Technik[100], bei der verschiedene Szenen durchgespielt werden, die auch als Best Case oder Worst

---

[96] Vossebein 2002, S.87
[97] Die einzelnen Instrumente werden in dieser Arbeit nicht explizit erläutert, da sie marketingaffinen Lesern bekannt sind. In zahlreichen Literaturen sind sie ausführlich erklärt, wie z.B. in Vossebein 2002
[98] Ausführliche Erläuterungen zur PEST-Analyse finden sich z.B. in Vernzin, Rasner, Mahnke 2003
[99] Ausführliche Erläuterungen zur Marktanalyse finden sich z.B. in Venzin, Rasner, Mahnke 2003
[100] Die ausführliche Technik der Szenario-Bildung kann nachgelesen werden in Biethahn, Mucksch, Ruf 2004

Case bekannt sind oder die Delphi-Methode, bei der Expertenmeinungen eingeholt werden.[101] Bei der Prognose sind auch externe Faktoren, wie auftretende Regulierungen, technischer Fortschritt, Umweltveränderungen, usw., die schwer vorhersehbar sind, zu berücksichtigen.

An dieser Stelle soll noch einmal ein genauer Blick auf die Unternehmensanalyse gerichtet werden, für das der Unternehmens- bzw. Produktzyklus (Product-Life Cycle) mit dem Kundenbeziehungslebenszyklus (Customer-Relationship Cycle) zu einem „Product-Customer-Life Cycle" kombiniert wird. Das Marktwachstum ist für Unternehmen sehr wichtig, da sich daraus ableiten lässt, welche Chancen das Unternehmen auf dem Markt hat und an welcher Stelle Innovationen nötig sind bzw. ob sie sich überhaupt noch lohnen. Zusätzlich gibt der Product-Life Cycle Aufschluss über die Phase des angebotenen Produktes. Da in jeder Phase der Wettbewerbsdruck durch Konkurrenten und die Nachfragesituation unterschiedlich ist, sollte der Einsatz der Marketinginstrumente darauf abgestimmt werden. Der Kundenbeziehungslebenszyklus liefert ein Rahmenkonzept für eine systematische Beziehungsanalyse und soll den differenzierten Einsatz, auf den variierenden Status der Kundenbeziehung abgestimmt, Maßnahmen ermöglichen.[102] Die neuartige Kombination ist sinnvoll, da die beiden Zyklen in wechselseitiger Abhängigkeit stehen. Aus der Position des Unternehmens im Markt bzw. der Produktpositionierung können bzw. sollten die auf die Kunden ausgerichteten Ziele abgeleitet werden, die gleichzeitig den ersten Schritt des strategischen Marketings darstellen.

---

[101] Die Delphi-Methode kann nachgelesen werden in Bea, Scheurer, Hesselmann 2007
[102] Hippner, Wilde 2006, S.425

Abbildung 8: Product-Customer-Life Cycle
(Quelle: Eigene Darstellung in Anlehnung an Kleinaltenkamp 2006, S. 755, Kreuzer 2009, S. 49ff)[103]

Die oben angeführten Ziele während der einzelnen Phasen sind Indikatoren dafür, was in der Kommunikation erreicht werden sollte, das gilt auch für die LOHAS.
Gerade bei der Kundenakquise, in der Einführungs- bzw. Wachstumsphase eines Unternehmens bzw. eines Produktes, geht es darum, das Interesse des Kunden zu wecken und aus kurzfristigem Interesse, das z.B. zu einem Ad-hoc-Kauf führt, ein permanentes zu machen. Wenn das gelingt, kann das Unternehmen das Vertrauen der Kunden gewinnen, was für die Beziehung auf beiden Seiten äußerst notwendig ist. Wird zu dem Vertrauen eine Zufriedenheit des Kunden erreicht, so kann aus der Kundenakquise eine Kundenbin-

---

[103] Einige siedeln den Produktlebenszyklus als Tool im strategischen Marketing an, vgl. Pfaff 2004, S. 294 andere im operativen Marketing vgl. Uhe, 2002a S.50. Der Kundenbeziehungslebenszyklus ist im operativen Marketing anzuwenden, da es ein Instrument im Bereich Kommunikation des Marketing-Mix ist vgl. Pfaff 2004, S. 221. In dieser Arbeit wird das Tool dazu genutzt, um die Situationsanalyse vorzunehmen.

dung werden. Hier geht es darum, mittel bis langfristig das Vertrauen der Kunden zu binden und ihnen z.b. durch gezieltes Beschwerdemanagement die Möglichkeit zu geben, sich auch in schwierigen Situationen vertrauensvoll an das Unternehmen zu wenden.

In der letzten Phase, der Kundenrückgewinnung muss sich ein Unternehmen sehr genau überlegen, ob es einen Kunden zurückgewinnen will, denn diese Entscheidung kann sehr kostspielig sein und muss wohl überlegt werden. Bei dieser Phase sollte das Unternehmen gezielt auf den Kunden eingehen, die Kommunikation deutlich individualisieren und personalisieren. Dabei ist jedoch zu beachten, dass die Kommunikation nicht aufdringlich sein sollte, um zu verhindern, dass der Kunde abgeschreckt wird.

Bei dem gesamten Product-Customer-Life Cycle ist zu beachten, dass die Kosten und der Aufwand in den verschiedenen Phasen unterschiedlich sind. In der ersten Phase fallen hohe Kosten für die Marktforschung, den Image-Aufbau und die Bekanntmachung eines Produktes oder eines Unternehmens an. Die Ausgaben werden vor allem für das Marketing und die Forschung verwendet. In der zweiten Phase gehen diese Kosten deutlich zurück, denn der Kunde kennt das Unternehmen bereits und ist eventuell schon an die Marke bzw. das Unternehmen gebunden. Dennoch kann der Einsatz von Marketinginstrumenten zur Kundenbindung nicht vollständig eliminiert werden, denn der Kunde sollte punktuell an die Existenz des Produktes bzw. des Unternehmens erinnert werden. Die dritte Phase verlangt erneut den Einsatz kostenintensiver Maßnahmen, um Kundenloyalität zu erzeugen. Die Kunden müssen persönlich angesprochen werden, d.h. sie sollten über einen gewissen Zeitraum regelmäßig betreut werden und dafür wird Zeit und Manpower benötigt. Einen groben schematischen Kostenverlauf im Vergleich zum Kundenbeziehungslebenszyklus zeigt die folgende Abbildung:

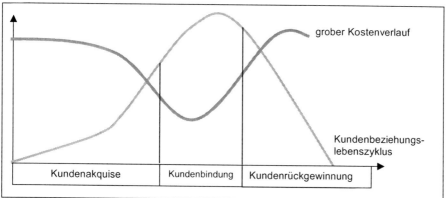

Abbildung 9: Grober Kostenverlauf beim Product-Customer-Life Cycle
(Quelle: Eigene Darstellung)

4.1.2 Strategische Marketing- und Kommunikationsziele und Instrumente

Das AIDA-Prinzip ist ein Werbewirkungsmodell, an dem die Kommunikation eines Unternehmens ausgerichtet werden kann.[104] Dieses Modell kann dazu verwendet werden, den Kunden im Sinne der Konsumentenforschung, zu aktivieren und im Anschluss daran zum Kauf des Produktes zu bewegen. Das Ziel der Aufmerksamkeitsgenerierung kann durch dieses Modell mit Hilfe geeigneter operativer Instrumente, die in Kapitel 4.1.3 noch vorgestellt werden, in die Tat umgesetzt werden.

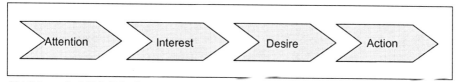

Abbildung 9: AIDA Prinzip
(Quelle: In Anlehnung an Kroeber-Riel, Weinberg 2003, S. 612)

Im ersten Schritt wird Attention, also Aufmerksamkeit generiert. Danach folgt die Schaffung von Interesse, welches dann zu Desire, also Verlangen führen soll, was schließlich in der erwünschten Action, dem finalen Kauf münden soll.

---

[104] Kroeber-Riel, Weinberg 2003, S.612

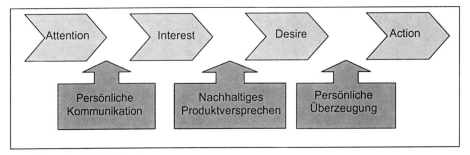

Abbildung 4: AIDA-Prinzip
(Quelle: Eigene Darstellung in Anlehnung an Kroeber-Riel,
Weinberg 2003, S. 612)

Wichtig bei diesem Wirkungsmodell in Bezug auf die LOHAS ist, dass die LOHAS sich durch die Medien nicht überreden lassen wollen, sondern auf Augenhöhe kommunizieren wollen und die persuasiven Methoden des Marketings durchschauen.[105] Dies wird besonders im ersten Schritt deutlich, denn die Chance Aufmerksamkeit zu erzeugen kann mit dem Mittel der „Persönlichen Kommunikation" erlangt werden. Dabei ist es vor allem möglich, substanziell und informationsbasierend zu kommunizieren. Das nachhaltige Produktversprechen kann vor allem im Konsumgütermarkt bzw. der Lebensmittelbranche durch ein Bio-Siegel kommuniziert werden, welches allerdings beständig und glaubwürdig sein muss. Es darf nicht von den Kunden als Überzeugungsinstrument angesehen werden. Den letzten Schritt zur persönlichen Überzeugung kann ein Unternehmen nur schaffen, wenn es dem LOHAS auf Augenhöhe begegnet und seine Bedürfnisse ernst nimmt. Dabei spielen viele Faktoren eine Rolle. Darunter fallen zum Beispiel auch die persönlichen Präferenzen der Kunden im Bezug auf den Preis eines Produktes, die Herkunft des Produktes und dessen Verarbeitung. Diese Faktoren müssen den LOHAS auf ansprechende Weise kommuniziert werden, sodass sie sich zugleich informiert und unterhalten fühlen.

Bei der Strategieauswahl für ein Unternehmen gilt es, sich die Marktfeldstrategie vor Augen zu führen, die sich mit den Determinanten *Produkt* und *Markt* auseinander setzt. Mit Markt ist hier das Segment der Kunden gemeint. Beide Determinanten werden in alt bzw. bestehend und neu unterteilt und bilden somit eine Vier-Felder-Matrix.

---

[105] Wenzel, Kirig, Rauch 2008, S. 16

	Alter Markt (=Kunden)	**Neuer Markt (=Kunden)**
Altes Produkt	Marktdurchdringungsstrategie	Marktentwicklung
Neues Produkt	Produktentwicklung	Diversifikation

Abbildung 10: Produkt-Markt-Matrix
(Quelle: Eigene Darstellung in Anlehnung an Uhe 2002 S. 57)

Bei der Marktdurchdringungsstrategie, die für ein bekanntes Produkt und in einem alten bzw. bestehenden Markt eingesetzt wird, soll das Produkt den Markt komplett durchdringen. Dies wird als „natürlichste aller Wachstumsmöglichkeiten"[106] beschrieben, denn hier kennt sich der Produktanbieter sowohl bei den Produkten als auch bei den Kunden aus und kann seinen Gewinn bzw. seinen Umsatz durch höhere Stückerträge, seine Preismacht oder durch Senkung der Stückkosten durch Skalenerträge[107] und die Nutzung von Kostenvorteilen durch die Erfahrungskurve[108] steigern.

Die Marktentwicklungsstrategie kann ein Wachstum bei Umsatz oder Gewinn durch den Verkauf von bestehenden Produkten auf neuen Zielmärkten erzeugen. Die Zielmärkte können unterschiedlich sein. Sie können geografisch ausgeprägt sein, andere Zielgruppen ansprechen oder fokussieren eine Funktionserweiterung des Produktes.[109]

Die Produktentwicklungsstrategie versucht eine vorhandene Zielgruppe mit neuen Produkten an das Unternehmen zu binden. Voraussetzung dafür ist eine genaue Kenntnis über die Kundenbedürfnisse, die Wettbewerbssituation, die Kundenbindung an das Unternehmen und das Image, das auf die neuen Produkte übertragbar sein sollte.[110]

Die letzte Strategie befasst sich mit der so genannten Diversifikation und bedeutet den Verkauf von neuen Produkten an neue Zielgruppen. Für die Diversifikation kann es verschiedene Gründe geben. Die „Kernidee" der Diversifikationsstrategie ist eine Kombination

---

[106] Uhe, 2002, S. 59
[107] Skalenerträge werden auch Economies of Scale genannt und beschreiben den Effekt, dass mittel- bis langfristig die Durchschnittskosten sinken, wenn die Anzahl der verkauften oder produzierten Produkte steigt, vgl. Mankiw 2004 S. 283
[108] Die Erfahrungskurve bezieht sich auf das Verhältnis der kumulierten Ausbringungsmenge zu den Fertigungskosten, vlg. Jung 2003 S. 247
[109] Kußmaul, S. 93
[110] Uhe 2002, S. 62

der Markt- und Produktentwicklungsstrategie, also eine Art „Ausbrechen" aus den bisherigen Aktionsfeldern[111] und kann verschiedene Ausprägungen haben, sie kann horizontal, vertikal oder lateral sein.[112]

Für die LOHAS in der Lebensmittelbranche macht generell eine Marktentwicklung Sinn, denn die Produkte bleiben in ihrer Form bestehen, es sollen allerdings neue Kunden angesprochen werden, und zwar die LOHAS. Dabei muss beachtet werden, dass sich die Kommunikation verändern sollte, da die LOHAS nicht mit den Ökos der vergangenen Jahre gleichgestellt werden können. Dieses Wachstumspotenzial muss durch das Marketing gefördert werden. Die Handlungsempfehlungen in Kapitel 8 werden darüber mehr Aufschluss geben.

4.1.3 Operative Marketinginstrumente: Der grüne Marketing-Mix

Die strategischen Instrumente im Marketing bilden die Grundlage für das operative Marketing, das hauptsächlich auf den Marketing-Mix ausgerichtet wird. In diesem Abschnitt werden die einzelnen Elemente des Marketing-Mix kurz im Allgemeinen erläutert ohne Berücksichtigung der Zielgruppe der LOHAS. Der Bezug zu der grünen Zielgruppe wird später in den Handlungsempfehlungen in Kapitel 8 hergestellt, für die die Ergebnisse aus der empirischen Untersuchung herangezogen werden.

Ein besonderer Fokus soll auf der Kommunikation liegen, die in Kapitel 4.2 separat betrachtet wird, da sie die Grundbasis für eine erfolgreiche Zielgruppenansprache und einer der Schlüsselfaktoren im Marketing ist. Die bedeutende Rolle der Kommunikation zeigt auch Unger auf:

---

[111] Uhe 2002, S. 64
[112] Horizontale Diversifikation bedeutet eine Unterart der Sortimentserweiterung. Beispiel: Schokoladenhersteller bietet auch Hustenbonbons an.
Vertikale Diversifikation bedeutet, dass Übernahmen getätigt werden, die dem bisherigen Produkt vor- oder nachgelagert sind. Beispiel: Sägewerk kauft einen Möbelhersteller.
Laterale Diversifikation bedeutet, dass kein direkter erkennbarer Zusammenhang zwischen altem und neuem Produkt besteht. Beispiel: Procter & Gamble verkauft Bonbons und Windeln.

„Unternehmen befinden sich heute in einer schwierigen und komplexen Situation. Zunehmend fällt es ihnen schwerer, ihre Leistungen, ihre Angebote und ihre Funktionen angesichts eines verschärften Erklärungswettbewerbes ihren potenziellen Kunden, einer kritischeren Öffentlichkeit und anderen relevanten Zielgruppen darzulegen."[113]

Da der Marketing-Mix ein nicht mehr wegzudenkendes Instrument im operativen Bereich ist und dieses auch von Relevanz für die empirische Untersuchung in dieser Arbeit ist, soll dieser im Nachfolgenden kurz vorgestellt werden. Er umfasst traditionell die „4P's".[114]

4 P's	Bedeutung
Product	Produkt-, Leistungspolitik
Price	Preis-, Konditionspolitik
Place	Distribution
Promotion	Kommunikation

Abbildung 11: Die 4 P's des Marketing-Mix
(Quelle: Eigene Darstellung in Anlehnung an Meffert, Burmann, Kirchgeorg 2007 S. 22)

Das Unternehmen hat die Möglichkeit sein operatives Handeln anhand dieser vier Möglichkeiten zu gestalten. Dabei soll die Wirtschaftlichkeit immer im Vordergrund stehen. Das bedeutet aber nicht, dass nur der „Price" beachtet wird. Diese vier Möglichkeiten gehören alle zusammen und müssen gleichwertig beachtet werden. Zusätzlich gibt es bei jedem der vier P's noch externe Faktoren, die das Unternehmen nicht beeinflussen kann. Es muss sich jedoch darüber im Klaren sein, dass es diese Faktoren gibt, und diese zumindest ansatzweise in seine Überlegungen mit einbeziehen.

Zunächst steht das Produkt im Vordergrund. Hier muss entschieden werden, über welche Produkteigenschaften sich das Produkt von denen der Konkurrenz abheben kann und welche Verpackungseigenschaften dieses besitzen soll. Die Produkteigenschaften können sich je nach Produktbeschaffenheit in Kernvorteile des Produktes, wie z.B. die funktionalen Eigenschaften oder das Image gliedern oder in Produktattri-

---

[113] Unger, Fuchs 2005, S.1
[114] In der Literatur gibt es mittlerweile Tendenzen dazu, die vier P's auszuweiten auf 6 P's bzw. 7 P's in der Dienstleistungsbranche, vlg. Bruhn 2007

bute, wie die Qualität, das Design oder die Verpackung und die unterstützenden Services.[115] Zusätzlich muss sich jedes Unternehmen über die Produktpositionierung im Klaren sein. Dazu kann bei bestehenden Produkten das Tool der Vier-Felder-Matrix der Boston Consulting Group angewendet werden.[116] Sie geht von zwei Dimensionen aus, dem Marktwachstum und dem relativen Marktanteil und betitelt die vier Felder entsprechend deren Eigenschaften bzw. Auswirkungen auf die Wirtschaftlichkeit in der Zukunft mit „poor dog", „star", „cash cow" und „question mark".

Der poor dog ist wirtschaftlich nicht mehr erfolgreich und könnte aus dem Produktportfolio genommen werden. Der star genießt gerade seinen Aufstieg und hat noch Potenzial den Erfolg betreffend. Die cash cow ist sozusagen ein Evergreen und wird vermutlich über einen längeren Zeitraum ihre Position halten können und beim questionmark ist es fraglich in welche Richtung es sich bewegen wird, d.h. ob es einen Negativtrend oder Positivtrend auslöst.

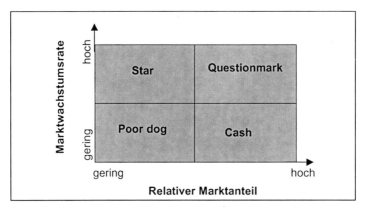

Abbildung 12: Vier-Felder-Matrix der Boston Consulting Group
(Quelle: Eigene Darstellung in Anlehnung an Hartstein 2006 S. 72)

Zusätzlich muss jeder Unternehmer die Entscheidung treffen, ob er sein Produkt branden, also zu einer Marke machen will, oder nicht. Es gibt für jede Entscheidung verschiedene Vor- und Nachteile. An dieser Stelle sind nur einige davon in der folgenden Tabelle aufgelistet:

---

[115] Hollensen, 2004, S. 450
[116] Hartstein 2006, S. 72

	Vorteile	**Nachteile**
Keine Marke	• Geringere Produktionskosten • Geringere Marketingkosten • Geringere Rechtskosten • Flexible Qualitätskontrolle	• Hoher Preisdruck • Fehlende Marktidentität
Marke	• Bessere Identifikation und Aufmerksamkeit seitens der Konsumenten • Höhere Chance für Produktdifferenzierung • Mögliche Markenloyalität • Mögliches Premium-Preissegment	• Höhere Produktionskosten • Höhere Marketingkosten • Höhere Rechtskosten

Abbildung 13: Vor- und Nachteile von Branding-Entscheidungen
(Quelle: Eigene Darstellung in Anlehnung an Hollensen 2004, S. 469)

Diese Tabelle erhebt keinen Anspruch auf Vollständigkeit und soll nur einen groben Überblick darüber geben, wo Vor- und Nachteile liegen können. Außerdem gibt es noch andere Möglichkeiten und Ausprägungen des Branding, die hier aber nicht näher erläutert werden.[117]

Beim zweiten Aspekt, dem Preis, stehen dem Unternehmen verschiedenste Instrumente zur Verfügung, wie z.B. die Preiskalkulation auf Basis der ökonomischen Berechnungen aus den Produktionskosten. Ein solches Tool kann die Mehrstufige Deckungsbeitragsrechnung sein.[118] Diese umfasst die variablen Kosten, wie Mitarbeiterlöhne, Rohstoffe, usw. und die fixen Kosten, wie Miete, Energiekosten, usw. Diese Liste kann beliebig weit ausgeführt werden, hier soll jedoch nur ein kurzer Überblick darüber gegeben werden, was das Unternehmen im Allgemeinen an Möglichkeiten hat, Kostenersparnisse an Kunden weiterzugeben oder den Umsatz durch steigende Menge zum niedrigeren Preis zu generieren. Zum einen kann ein Unternehmen Ko-

---

[117] Für ausführliche Informationen vgl. Hollensen 2004, S. 468ff.
[118] Der Mehrstufige Deckungsbeitrag kann ex-ante oder ex-post durchgeführt werden, d.h. er kann zur Prognose von Produkterfolgen im Voraus oder zur Betrachtung vergangener Werte herangezogen werden, vgl. Brecht 2005, S.112ff. Da das Instrument in dieser Arbeit in den operativen Bereich eingeflochten ist, gilt die letztere Anwendung für die Preisfindung der Unternehmen.

stenersparnisse durch eine Fixkostendegression bzw. den Skaleneffekt weitergeben. Dieser Effekt beschreibt sinkende Fixkosten bei steigender Ausbringungsmenge im Verlauf der Zeit.[119] Zum anderen kann das Unternehmen Kosten durch die Erfahrungskurve sparen.[120]

Generelle Preisstrategien sind das Skimming, also das Abschöpfen von zahlungswilligen Erstkäufern, wobei später Preissenkungen durch das Schaffen eines Preissenkungspotenzials ermöglicht werden können. Dieses Potenzial kann in nachfolgenden Perioden absatzstimulierend eingesetzt werden.[121] Eine weitere Strategie ist die Penetrationsstrategie, die sich in der Unterbietung des Preises der Konkurrenz ausdrückt, um eine größere Absatzmenge zu erzielen.[122] Zusätzlich hat das Unternehmen noch die Möglichkeit bei seinen Lieferanten Boni und Skonti zu erzielen, die den Preis der Einkäufe drücken. Der niedrigere Einkaufspreis kann dann wiederum an den Verbraucher durch niedrigere Verkaufspreise weitergegeben werden. Generell hat der Verkäufer natürlich bei der Preisgestaltung freie Hand. Er sollte sich jedoch am Markt und an der Konkurrenz orientieren, denn mit überteuerten Preisen hat man am Markt meistens keine Chance, wenn nicht ein zusätzlicher Produktwert erfolgreich kommuniziert werden kann.

Auch bei dem dritten Aspekt, der Distribution, stehen dem Verkäufer wiederum verschiedenste Vorgehensweisen zur Verfügung. Zunächst einmal muss entschieden werden, ob der Produzent nur an Business-Unternehmen verkauft (B2B) oder auch an Endverbraucher (B2C). Wenn diese Entscheidung zu Gunsten von beispielsweise B2C gefallen ist, muss er sich entweder dafür entscheiden, seine Produkte selbst zu verkaufen oder er schließt sich einem größeren Händlernetzwerk an. Er hat dabei die Möglichkeit, seine Produkte an einen Großhändler zu verkaufen, oder an einen Einzelhändler. Dabei sollte das Unternehmen darauf achten, wie groß die Marktabdeckung der Groß- bzw. Einzelhändler ist. Bei einer großen Marktabdeckung ist die Chance für eine größere Reichweite bei den Endverbrauchern größer als bei einer kleinen Marktabdeckung.[123] Aber auch hier-

---

[119] Nähere Erklärung s. Fußnote 99
[120] Nähre Erklärung s. Fußnote 100
[121] Hermann 1982, S. 28
[122] Runia 2007, S. 182
[123] Hollensen 2004, S. 529

bei kann es verschiedene Strategien geben, die mit unterschiedlichen Produkten gefahren werden können. [124] Bei der Wahl des Distributionsweges sind folgende Optionen möglich:

Eigener Laden	Franchise
Joint-Venture	Online-Shop

Abbildung 14: Distributionsmöglichkeiten
(Quelle: Eigene Darstellung)

Der einfachste Weg seine Produkte zu vertreiben, ist ein eigener Laden.

Eine weitere Möglichkeit seine Produkte an die Konsumenten zu bringen sind Franchise-Unternehmen. Das wohl prominenteste Beispiel ist in diesem Fall McDonald's. Kaub definiert Franchising folgendermaßen:

„Franchising ist ein vertikal-kooperativ organisiertes Absatzsystem rechtlich selbstständiger Unternehmen auf der Basis eines vertraglichen Dauerschuldverhältnisses. Dieses System tritt am Markt einheitlich auf und wird geprägt durch das arbeitsteilige Leistungsprogramm der Systempartner sowie durch ein Weisungs- und Kontrollsystem, eines systemkonformen Verhaltens. Das Leistungsprogramm des Franchise-Gebers ist das Franchise-Paket; es besteht aus einem Beschaffungs-, Absatz- und Organisationskonzept, der Gewährung von Schutzrechten, der Ausbildung des Franchise-Nehmers und der Verpflichtung des Franchise-Gebers den Franchise-Nehmer aktiv und laufend zu unterstützen und das Konzept ständig weiterzuentwickeln. Der Franchise-Nehmer ist im eigenen Namen und für eigene Rechnung tätig; er hat das Recht und die Pflicht das Franchise-Paket gegen Entgelt zu nutzen. Als Leistungsbeitrag liefert er Arbeit, Kapital und Informationen."[125]

Unter dem Begriff des Joint Ventures wird im Allgemeinen eine Unternehmenskooperation verstanden bei der die Joint Venture Partner sich gemeinschaftlich und gleichgerichtet bemühen ein bestimmtes, unternehmerisches Ziel auf der Grundlage von vertraglichen Absprachen zu erreichen.[126] Außerdem können Joint Ventures als kooperatives Arrangement zwischen zwei oder mehreren Unternehmen verstanden werden, die zur Gründung einer dritten – von der Muttergesellschaft losgelösten Unternehmung führen.[127]

---

[124] Hollensen 2004, S. 529
[125] Kaub 1980, S. 29
[126] Schulte, Pohl 2008, S. 3
[127] Schaumberg 1999, S. 6

In Zeiten der digitalen Welt ist es außerdem möglich, die Produkte direkt an die Kunden zu vertreiben ohne ein Händlernetzwerk zwischen zu schalten, und zwar über das Internet. Ein bekanntes Beispiel aus dem Konsumgütermarkt ist Amazon. Dort werden Produkte verschiedener Kategorien direkt über das Internet vertrieben.[128] Ein Online-Shop kann auch neben einem physischen Geschäft betrieben werden.[129]

Die Kommunikation innerhalb des Marketing-Mix ist eine entscheidende Komponente bei der Kundengewinnung und Kundenbindung, deswegen wird dieser Bereich im nachfolgenden Kapitel separat betrachtet.

4.2 Green Communication

Durch die zunehmende Informationsüberflutung durch die Medien kann der Rezipient nur noch einen Teil der Information aufnehmen und selektiert entweder die Informationen, die ihn am ehesten ansprechen oder er ist gar nicht mehr in der Lage zu filtern. Die Folge davon ist, dass die Unternehmensbotschaften ihre Zielgruppe immer schwerer erreichen. Deswegen ist es von besonderer Bedeutung gute Kommunikationsinstrumente zu benutzen und über ein Know-how über die Konsumentenwünsche zu verfügen, um dem entgegenzuwirken. Gerade für Unternehmen wird die grüne Kommunikation und damit die Versendung von grünen Botschaften immer wichtiger, denn wie die Studien gezeigt haben, ist die Wechselbereitschaft bei den Konsumenten hoch, wenn das Unternehmen sich freiwillig engagiert und dieses gut kommuniziert.

Wie anhand des Product-Customer-Life Cycle aufgezeigt, unterliegt die Kommunikation einem Zyklus und demnach sollte sich ein Unternehmen nicht nur auf die instrumentelle Sichtweise, d.h. die bestmögliche Konstruktion einer Kommunika-tionsmaßnahme aus Sicht des Kommunikators stützen, sondern auch die Bedeutung des Konsumenten nicht vernachlässigen.[130] Laut Mast ist der Ruf nach mehr Kommunikation (Quantität), besserer Kommunikation (Qualität) und effizienterer Kommunikation allgegenwärtig.[131] Der quantitative Kommunikationsaspekt ist wohl eher rückläufig aufgrund der Informationsüberflutung, dennoch sollte ein Unternehmen unbedingt durch Qualität seine Kommunikationsprozesse

---

[128] Fritz, 2004, S. 240
[129] Fritz 2004, S. 240
[130] Mast 2002, S.77
[131] Mast 2002, S.77

verbessern und zielgruppengerichtet kommunizieren. Dem Kommunikationsmanagement steht dazu z.B. die Balance Scorecard zur Verfügung, die Strategien formuliert und diese in konkrete Aktivitäten übersetzt.[132] Ein besonders wichtiges Thema in der heutigen Unternehmenskommunikation ist das Issues-Managament, das versucht, möglichst frühzeitig Themen, die von öffentlichem Interesse (mit Konfliktpotenzial) sind, zu identifizieren und Chancen und Risiken abzuwägen.[133] Da die LOHAS derzeit ein aktuelles Thema darstellen, sollten Unternehmen demnach überlegen, ob sie diese Zielgruppe erreichen können oder ob ihre Kernaufgaben nicht kompatibel mit den Vorstellungen der LOHAS sind. Gleichzeitig sollten die Unternehmen nach geeigneten Instrumenten im operativen Marketing suchen. In Kapitel 4.2.1 wird darauf noch näher eingegangen.

Auch die Medien spielen für die Unternehmenskommunikation eine wichtige Rolle, denn sie können das derzeitige öffentliche Interesse aufzeigen, aber auch dem Unternehmen dazu dienen, ihre Kommunikation weiter zu verbreiten, z.B. durch das Publizieren von Unternehmensaktivitäten. Die medienbezogene Evaluierung, d.h. die Medienresonanzanalyse kann Aufschluss über die quantitativen Veröffentlichungen geben und damit ein Meinungsprofil über das Unternehmen positiv oder negativ beeinflussen. Demnach ist die Verbindung zwischen Medien und der Unternehmenskommunikation sehr wichtig. In diesem Kapitel werden deswegen exemplarisch Fallbeispiele aus den Medien genannt, die über den grünen Trend seit dem Jahr 2007 berichten. Dies soll zum einen aufzeigen, dass das Thema anscheinend von öffentlichem Interesse ist und damit auch für Unternehmen interessant sein könnte, auch in Bezug auf das Issues-Management und somit auf die Konsumentenbedürfnisse.

4.2.1 Kommunikation im Marketing-Mix

Wie im Kapitel zuvor schon einige Male angeklungen ist, funktioniert der Marketing-Mix hauptsächlich in seinem Zusammenspiel mit allen vier Dimensionen. Die Kommunikationsdimension spielt in diesem Zusammenhang eine besondere Rolle. Wie im Product-Customer-Life Cycle in Kapitel 4.1.1 dargestellt, können sich z.B. von der Phase des strategischen Marketings Ziele ableiten lassen. Diese Ziele dienen einer kommunikativen

---

[132] Mast 2002, S.83
[133] Eine detaillierte Ausführung zum Thema „Issues-Management" ist nachzulesen in Röttger 2001, S.12ff.

Funktion, „die die Kommunikationsaktivitäten zugunsten der Zielerreichung zu erfüllen haben".[134]

Alle kommunikativen Funktionen können zu drei zentralen Funktionen der Kommunikationspolitik zusammengefasst werden. Die erste mögliche Funktion ist die *Darstellungsfunktion*, die die Prägung des Erscheinungsbildes des Unternehmens oder einer Marke beinhaltet. Die zweite Funktion ist die *Marketingfunktion*, die im Zusammenhang mit der Vermittlung von leistungsbezogenen Informationen steht und die den Absatz der Produkte und Dienstleistungen des Unternehmens fördert. Als dritte Funktion gibt es die *Dialogfunktion*, die dem Informationsaustausch mit sämtlichen Anspruchsgruppen des Unternehmens dient.[135] All diese Funktionen und deren Kommunikationsziele sind über Marketingmaßnahmen bzw. Kommunikationsmaßnahmen zu erfüllen. Dem Unternehmen steht dafür eine Vielzahl von Kommunikationsmaßnahmen zur Verfügung:

- Persönliche Gespräche, Telefonate, E-Mails
- Anzeigen, Radio- und TV-Spots
- Leuchtschriften
- Verkehrsmittelbeschriftung
- Versendung von Briefen, Prospekten, Broschüren, Katalogen, etc.
- Produktpräsentationen in Schaufenstern, in Geschäftsräumen, bei Messen oder Ausstellungen, Displaymaterial in Geschäften
- Schaufensteraufkleber
- Plakatierung
- Aufdrucke oder Gravuren auf Werbegeschenken
- Werbefilme, Website im Internet u.v.m.[136]

Welche Instrumente besonders im grünen Marketing erfolgsversprechend sein können, wird im empirischen Teil dieser Arbeit überprüft und in Kapitel 8 noch einmal aufgegriffen.

4.2.2 Grün in den Medien

---

[134] Bruhn 2008, S. 25
[135] Bruhn, 2008. S. 26
[136] Steffenhagen 2004, S.151

Wie in Kapitel 2 dargestellt, hat die grüne Welle nahezu alle Branchen erfasst. Auch der Medienmarkt kann sich davon nicht freisprechen. In diesem Abschnitt soll aufgezeigt werden, welche Medien sich schon der grünen Welle gewidmet haben. Ziel soll es sein, zu verdeutlichen, wie hoch die Wellen eigentlich schon schlagen. Im Folgenden werden einige Beispiele aus den Medien genannt. Sie erheben jedoch keinen Anspruch auf Vollständigkeit, sondern sollen nur exemplarisch zeigen, dass sowohl im Printbereich als auch im TV und Internet, der grüne Trend bei der Berichterstattung schon seit längerer Zeit zunehmend an Bedeutung gewinnt und das Thema auf der Medienagenda immer wieder aufgegriffen wird. Über die „Überlebensdauer" auf der Publikumsagenda ist bisher noch nichts bekannt, allerdings kann man davon ausgehen, dass die grünen Themen aufgrund ihrer gesellschaftlichen Relevanz länger auf ihr verweilen. In diesem Zusammenhang wird später auch auf das Modell des Agenda-Settings eingegangen.

Vor allem im Printbereich kann man durch Beobachtung feststellen, dass die grüne Thematik immer wieder in der Berichterstattung aufgegriffen wird und sogar als Titelthema für die Covergestaltung genutzt wird. Dies zeigt, dass die Medien auf den grünen Zug aufspringen und sich dadurch hohe Auflagen erhoffen.

Im März 2007 änderte der Stern in seiner zwölften Ausgabe erstmalig und einmalig sein von rot geprägtes Cover in grün und titelte „So retten wir das Klima... und haben trotzdem Spaß am Leben". Die Änderung wird vom Stern so begründet, dass das Titelthema ein Thema ist, dass alle bewegt.[137] Laut Kaltenhäuser will der Stern den Betrachter sowohl emotional als auch intellektuell ansprechen[138] und greift deswegen hauptsächlich Themen aus den Bereichen Human-Interest, Gesundheit und Gesellschaft auf. In diesem Zusammenhang stellt sich die Frage, ob der grüne Trend aus der Gesellschaft heraus entstand oder ob der Stern als eines der Leitmedien oder auch andere Medien diesen Trend weiter vorangetrieben haben. Dies lässt sich leider nicht mehr empirisch untersuchen, aber für die Medienwirkungsforschung wäre dies ein sehr interessantes Thema. In dieser Arbeit kann jedoch nicht näher darauf eingegangen werden. Im Jahr 2007 taten es dem Stern zahlreiche Verlage, egal welche politische Richtung sie verfolgen und welche Zielgruppe sie ansprechen, gleich und widmeten sich dem grünen Trend, d.h. von der Welt bis zur Studentenzeitschrift Unicum. Die Anzahl ist so hoch, dass diese hier nicht näher aufge-

---

[137] Stern 12/2007, S.4
[138] Kaltenhäuser 2005, S. 81

führt werden.[139] Auch im Jahr 2008 hielt der grüne Trend in den Medien noch an und über die Zielgruppe LOHAS wurde häufig berichtet. So widmete sich z.B. im Dezember 2008 die Süddeutsche Zeitung auf ihrer Internetseite den LOHAS in aller Ausführlichkeit unter dem Titel „Die Wahrheit über LOHAS – Egoistische Konsumguerilla".[140]

Dass das Thema auch im Jahr 2009 nicht an Relevanz verloren hat zeigen die folgenden Beispiele. Dabei zeigt sich auch, dass die Auswahl der Titel immer auf die jeweilige Zielgruppe ausgerichtet wird. Das Handelsblatt richtet sich eher an Mittelständler und betitelte die Ausgabe Nr. 19 der Wirtschaftswoche „Grün aus der Krise"[141] und verknüpft den grünen Trend somit noch mit einem aktuellen Thema. In der Jungen Karriere fragt das Handelsblatt seine junge Zielgruppe, ob „Alles im grünen Bereich" sei[142]. Damit werden zwei unterschiedliche Zielgruppen aus anderen Blickwinkeln an das grüne Thema herangeführt. Auch die Kosmetikbranche bleibt vom Boom nicht verschont und so beschäftigte sich die Brigitte, die hauptsächlich Frauen als Zielgruppe hat, mit der grünen Welle in der Kosmetikbranche.[143]

Auch im Fernsehen und im Internet wird das Thema aufgegriffen. So schaltete ProSieben am 22. April 2009 ab 12Uhr mittags einen GreenSeven-Day. "Mit 'Green Seven' zeigen wir einen ganzen Tag lang, wie sich Trendbewusstsein, Komfort und ökologisches Denken kombinieren lassen.", sagt ProSieben Chefredakteur Karl König zu dem Zeitpunkt.[144] Im Internet ist die Anzahl der Artikel, Berichterstattungen und auch die der Bewegtbilder sehr hoch. Gibt man bei der Suchmaschine Google das Wort LOHAS ein, so ergibt sich eine Trefferquote von 2.580.000 [Stand: 21.07.09]. Dies sind nur einige wenige Beispiele. Sie stehen aber stellvertretend dafür, dass die Kommunikation im Grünen Sektor äußerst wichtig ist, was die hohe Präsenz auf der Medienagenda zeigt.

Wie eben schon angerissen, soll in diesem Zusammenhang kurz auf das Thema des Agenda-Settings eingegangen werden. Der Agenda-Setting-Ansatz geht davon aus, „dass die Massenmedien vorgeben, welche Themen die Bevölkerung als besonders wichtig an-

---

[139] Eine Übersicht über die in 2007 veröffentlichten Artikel ist online im Internet unter: Lohas.de [Stand: 21.07.09]
[140] Gertzen 2008, S. 1
[141] Wirtschaftswoche 19/2009
[142] Junge Karriere 05/2009
[143] Brigitte 03/2009
[144] Online im Internet unter: ProSieben 2009[Stand: 21.07.09]

sieht, d.h. die Medien bestimmen die ‚Tagesordnung' bzw. üben eine Thematisierungsfunktion aus".[145] Dieser Ansatz geht von drei möglichen Wirkungsmodellen aus. Das erste ist das „Awareness"-Modell. Dieses Modell beinhaltet die Aussage, dass die Thematisierung eines Sachverhaltes in den Medien dazu führt, dass die Rezipienten auf dieses Thema aufmerksam werden. Außerdem gibt es das „Salience"-Modell. Es besagt, dass die unterschiedliche Hervorhebung verschiedener Themen dafür verantwortlich ist, dass Rezipienten diesen Themen eine mehr oder weniger starke Bedeutung zumessen. Das dritte Modell, das „Priorities"-Modell beschreibt die Annahme, dass die unterschiedliche Gewichtung von Themen in der Medienberichterstattung sich nicht nur auf die allgemeine Bedeutungseinschätzung eines Themas durch die Rezipienten auswirkt, sondern sich auch spiegelbildlich in der Rangfolge der von der Bevölkerung als wichtig angesehenen Themen niederschlägt.[146]

Kunczik und Zipfel führen weiterhin aus, dass es intervenierende Variablen gibt, die einen zentralen Gegenstand der Agenda-Setting-Forschung darstellen. Sie werden eingeteilt in Rezipienten, Medien, Themen und dem Zeitrahmen. Die folgenden Absätze beziehen sich alle auf Kunczik und Zipfel. Bei der Variable der Rezipienten ist zu sagen, dass soziodemografische Variablen kaum aussagekräftig für die Erklärung von Agenda-Setting-Effekten sind. Politisches Interesse und Partizipation kann Agenda-Setting-Effekte steigern oder verringern. Eine Vermutung, die Kunczik und Zipfel äußern, ist die, „dass politisch stärker Interessierte mehr Informationen aus anderen Quellen beziehen."[147] Dabei ist jedoch auch zu beachten, dass bei den Untersuchungen in der Vergangenheit bezüglich der Variable der Rezipienten (politisches) Interesse die Ergebnisse nicht einheitlich sind.

Dieses politische Interesse ließe sich eventuell auch auf die LOHAS beziehen, denn diese wollen durch ihr Konsumentenverhalten auch eine bestimmte politische Haltung ausdrücken. Wie der Agenda-Setting-Effekt sich durch die LOHAS ausprägen würde, kann an dieser Stelle nicht überprüft werden. Unter Einbeziehung der Variable der Medien verweisen Kunczik und Zipfel darauf, dass Agenda-Setting-Effekte stärker durch Zeitungen als durch Fernsehen hervorgerufen werden. Dieser Aspekt könnte eine Debatte über die Glaubwürdigkeit der einzelnen Medien zur Folge haben, welche auch Einfluss auf Agenda-Setting-Effekte hat und soll an dieser Stelle nicht weiter ausgeführt werden. Es sei aber darauf

---

[145] Kunczik, Zipfel 2005, S. 355
[146] Kunczik, Zipfel 2005, S. 356
[147] Kunczik, Zipfel 2005, S. 359

verwiesen, dass im empirischen Teil dieser Arbeit die Frage nach Informationsversorgungsformen gestellt wird. Die Variable der Themen behandelt unter anderem den Aspekt, dass Themen die eindeutige Sachverhalte und Fakten aufweisen, eher als bedeutend angesehen werden als solche, bei denen Zweifel und Unklarheiten bestehen.

Beim letzten Aspekt, dem Zeitrahmen gibt es mittlerweile vier mögliche Modelle (Schwellenwertmodell, Beschleunigungsmodell, Trägheitsmodell und Echomodell) zur Darstellung des Zusammenhangs zwischen Berichterstattungsintensität und Problemwahrnehmung der Bevölkerung.[148] Die erste Möglichkeit stellt das „Schwellenwertmodell" dar, das besagt, dass die Berichterstattung erst eine gewisse Intensität erreichen muss, bevor die Bevölkerung diese Themen überhaupt wahrnimmt. In Bezug auf die Berichterstattung über den grünen Trend ist dies seit 2007 der Fall, wie die zahlreichen Berichterstattungen zeigen. Sowohl in Zeitschriften, als auch im Fernsehen wurde dieses Thema mehrfach intensiv aufgegriffen, was vermuten lässt, dass die Intensität hoch genug war um das Thema auf die Medienagenda zu bringen.

Die zweite Möglichkeit zur zeitlichen Beziehung zwischen Medienagenda und Publikumsagenda ist das „Echomodell". Es liegt die Annahme zu Grunde, dass es möglich ist, dass sich ein Thema, welches sich lange und weit oben auf der Medienagenda gehalten hat, langfristig auf die Publikumsagenda auswirkt und z.B. eine Veränderung des individuellen Verhaltens der einzelnen Personen bewirken kann. Dies kann auch bei der Entwicklung des grünen Booms der Fall gewesen sein, denn seit einigen Jahren befindet sich das Thema, das auch durch die Debatte um den Klimawandel begünstigt wurde, auf der Medienagenda und somit verändern nach und nach immer mehr Menschen ihr Verhalten. Es könnte also sein, dass der Lebensstil der LOHAS das Potenzial hat, durch gezielte Kommunikation in der breiten Masse der Bevölkerung Anklang zu finden, d.h. damit die Zielgruppe zu erweitern und das Marktpotenzial um ein Vielfaches zu steigern.

In diesem Kapitel wurde zuerst auf die Nachhaltige Entwicklung eingegangen und mit Definitionen untermauert. Da der Fokus auf dem Marketing liegt wurden die Besonderheiten des Nachhaltigen Marketings aufgeführt, definiert und in den Marketing-Management-Prozess integriert. Entlang dieses Prozesses wurde im Besonderen auf die Situationsana-

---

[148] Das Beschleunigungs- und Trägheitsmodell werden nur der Vollständigkeit halber genannt, aber nicht weiter ausgeführt, da sie für die Grüne Kommunikation keine Relevanz haben.

lyse der Unternehmen im Grünen Markt, wie z.B. die Nutzung eines Product-Customer-Life Cycles auf strategische Entscheidungen, wie z.B. die Produkt-Markt-Matrix von Ansoff sowie auf die verschiedenen Möglichkeiten im operativen Marketing (Marketing-Mix) eingegangen. Abschließend wurde noch ein Blick in die Medienlandschaft geworfen, der einen Überblick darüber geben sollte, wie sich die Berichterstattung in den Medien über das Thema LOHAS bzw. Ökologie in den letzten zwei Jahren verhält. Darauf aufbauend wurde das Modell des Agenda-Settings aufgegriffen, um die Frage anzureißen, in wie fern die LOHAS die Medien beeinflussen oder die Medien den grünen Trend aus der Gesellschaft für ihre Berichterstattung aufgreifen.

5. Empirische Untersuchungen der Zielgruppe LOHAS

5.1 Forschungsleitende Annahmen

Die Zielgruppenforschung über die LOHAS scheint in der heutigen Zeit an Bedeutung zu gewinnen, denn immer mehr Institute setzen sich mit der neuen, grünen Zielgruppe auseinander und wollen sie erforschen, um Unternehmen Anhaltspunkte für ihre Kommunikations- und Marketingaktivitäten geben zu können. Vergleicht man die Studien untereinander, so kommen jedoch Wiedersprüche ans Licht und man steht vor der Frage, welchen Studien man schlussendlich Glauben schenken soll. Ein eindeutiger Wiederspruch ist vor allem bei der Zahlungsbereitschaft der LOHAS zu erkennen. So kommt die Studie des Zukunftsinstituts zu dem Ergebnis, dass durch das große Interesse der LOHAS an ihrer Gesundheit ein „Zukunftsmarkt"[149] in diesem Gebiet entsteht und sie dafür bereit sind „tief in die Tasche zu greifen".[150] Die Studie von Ernst&Young kommt dagegen zu dem Ergebnis, dass über 60 Prozent der Befragten bereit sind etwa zehn Prozent mehr für Bio-Qualität zu bezahlen. Man sieht also, dass die Differenz zwischen „tief in die Tasche greifen" und „etwas mehr bezahlen" relativ groß ist. Die Tendenz zum Sparen wird jedoch auch in der Zukunftsstudie ersichtlich, die angibt, dass die Bio-Produkte den Discountern regelrecht aus den Händen gerissen werden.[151] Daraus lässt sich generell ableiten, dass die Bereitschaft der LOHAS für Bio-Produkte mehr zu zahlen, nicht gegeben ist (Annahme 1).

Das Zukunftsinstitut hat sich im Jahr 2008 ausführlich mit den LOHAS in ihrer Studie beschäftigt. Diese beleuchtet verschiedene Aspekte des Lebens der LOHAS, wie z.B. auch das Mediennutzungsverhalten. Dabei haben sie herausgefunden, dass die LOHAS ein großes Informationsbedürfnis haben und sich eher über das Internet informieren, weil sie eine Zwei-Wege-Kommunikation bevorzugen. Die klassischen Medien, vor allem im Printbereich, sind für sie eher „die zweite Wahl".[152] Die Schlussfolgerung, die die Autoren daraus ziehen, ist, dass der neue Lifestyle dazu zwingt, dass mittelfristig die konservativen Kommunikationsmittel angepasst werden müssen. Daraus lässt sich ableiten, dass sich die LOHAS über klassische Werbeformen nur schwer erreichen lassen (Annahme 2).

---

[149] Wenzel, Kirig, Rauch 2008, S. 105
[150] Wenzel, Kirig, Rauch 2008, S. 105
[151] Vgl. Zukunftsinstitut (Hg.) 2008, S. 26
[152] Zukunftsinstitut (Hg.) 2008, S. 81

LOHAS sind ein derzeitig erkennbarer Trend, das steht fest. Doch sie sind ambivalent und schwer einzuordnen, da sie nicht nach herkömmlichen, soziodemografischen Aspekten zu clustern sind. Sie haben jedoch laut dem Zukunftsinstitut das Potenzial langfristige Veränderungen in der Gesellschaft herbeizuführen. Dies ist auch darin begründet, dass die Konsumenten den Konsumüberdruss der neunziger Jahre immer mehr ablehnen und den Weg in die Wohlfühlgesellschaft suchen.[153] Das Bedürfnis nach Wohlfühlen wird vermutlich auch in der Zukunft noch Bestand haben, was zu der Annahme führt, dass sich die grüne Zielgruppe in naher Zukunft noch weiter ausweiten wird (Annahme 3).

Zusammengefasst lauten die forschungsleitenden Annahmen, die in den nächsten Kapiteln empirisch untersucht werden, wie folgt:

Die Bereitschaft der LOHAS für Bio-Produkte mehr zu zahlen ist nicht gegeben.
Die LOHAS lassen sich über klassische Werbeformen nur schwer erreichen.
Die grüne Zielgruppe weitet sich in naher Zukunft aus.

5.2 Untersuchungsmethoden

Durch eine gründliche und rechtzeitige Information über den Markt lassen sich Risiken und Chancen erkennen, was dabei helfen kann fundierte Entscheidungen für das Unternehmen zu treffen. Die Marktforschung kann dem Unternehmen in vielfältiger Form dabei nützlich sein. Durch den immer kürzer werdenden Produktlebenszyklus kann sie einen Zeitvorsprung bei schneller Informationsverarbeitung und eine schnelle Handlungsreaktion bringen. Zudem kann sie Wettbewerbsvorteile durch eine bewusste Produktdifferenzierung erzielen und Kundenvorteile durch eine genaue Kenntnis über die Wünsche und Bedürfnisse der Kunden aufdecken. Doch trotz der vielen Möglichkeiten der Marktforschung dürfen die Grenzen ihrer Aussagefähigkeit nicht übersehen und nicht als „Wunderdroge", die alle Probleme automatisch lösen kann, angesehen werden.[154] Ziel der Empirie dieser Arbeit ist es, das Konsumentenverhalten der LOHAS im Bio-Lebensmittelbereich zu untersuchen. Dabei ist jedoch zu betonen, dass den psychographischen Determinanten, also den Bedürfnissen, Einstellungen und Werten besondere Aufmerksamkeit geschenkt und demnach nur ein Ausschnitt aus der Konsumentenforschung untersucht wird.

---

[153] Zukunftsinstitut (Hg.) 2008, S. 25ff.
[154] Kastin 2008, S.1f.

In dieser Arbeit wird für die Sammlung von relevanten Informationen zu der Zielgruppe der LOHAS die Methodik der Primärforschung angewandt, d.h. die Daten und Informationen werden im Markt erhoben und kommen damit aus erster Hand. Zu einem geringen Teil decken sich die Fragen aus der Teiluntersuchung der Befragung mit denen aus den Studien, um die Ergebnisse zu überprüfen. Die Originalität ist demnach nicht mehr zu hundert Prozent gegeben, aber die eigens durchgeführte Datenerhebung bleibt trotzdem Teil der Primärforschung. Die Datenerhebung gliedert sich in die Bedürfnismessung via Ranking-Verfahren, die Erforschung des Einstellungsverhaltens der LOHAS und die der breiten Masse via Fragebogen und die Überprüfung der Wertvorstellungen über das Laddering-Verfahren au, wie die folgende Graphik veranschaulicht:

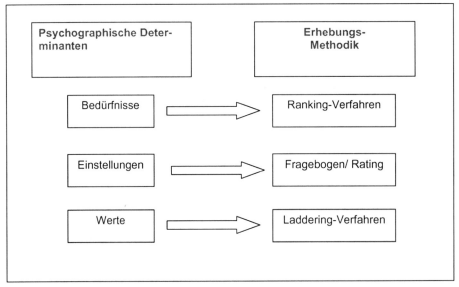

Abbildung 15: Übersicht über die empirische Methodik
(Quelle: Eigene Darstellung)

5.3 Teiluntersuchungen und Auswertung

Im Nachfolgenden werden zunächst die Untersuchungsmethoden vorgestellt und im Anschluss daran die jeweilige Auswertung der Teiluntersuchungen. Da die Erhebungen in sich sehr umfangreich sind, wird am Ende dieses Kapitels ein Gesamtergebnis dargestellt, das alle Teiluntersuchungen umfasst. Die forschungsleitenden Annahmen werden erst in Kapitel 7 überprüft. Dies soll zum einen gewährleisten, dass sie beim Lesen nicht übergangen werden und zum anderen soll ihre Aussagefähigkeit bzw. Wichtigkeit, die besonders relevant für das Marketing sein kann, dadurch hervorgehoben werden.

5.3.1 Bedürfnismessung

Das Ranking-Verfahren, auch als Rangreihenfolge bekannt, ist eine Fragetechnik, bei der die Befragten gebeten werden, die ihnen vorgegebenen Sachverhalte, Handlungsziele u.a., in eine Rangfolge zu bringen, die sie gemäß ihrer subjektiven Einschätzung der Wichtigkeit bzw. Wertigkeit festlegen.[155] Diese Methodik wird angewandt, um die Bedürfnisse der LOHAS in eine Hierarchie zu bringen und somit ihre Relevanz abschätzen zu können. Die Bedürfnisse sind ein wichtiger Ansatz für die Kaufentscheidung, da sich der Konsument fragt: „Will ich das?". Das Ranking-Verfahren hat den Vorteil, dass es den Befragten ein Mindestmaß an kognitivem Aufwand abverlangt und somit zu einer besseren Datenqualität führt. Dennoch hat es den Nachteil, dass die relativ komplizierte Aufgabe den Befragten überfordern kann, zudem ist es sehr zeitaufwändig in der Durchführung und Auswertung. Ein weiterer Nachteil ist, dass in der Auswertung eine interindividuelle Vergleichbarkeit schwierig ist, d.h. eine absolute Bestimmung über die Positionierung ist schwer festzulegen und das Ranking sagt nichts über die jeweiligen Abstände zwischen den Rangplätzen aus.[156] Obwohl die Methodik in der Sozialforschung stark kontrovers ist, wird sie in dieser Arbeit angewandt, da keine anderen alternativen Instrumente über die sich Bedürfnisse empirisch messen lassen, bekannt sind.

---

[155] Schöller 2007, S.70
[156] Kühl, Strodtholz, Taffertshofer 2005, S.44f.

5.3.2 Auswertung der Bedürfnismessung

Da die Durchführung des Ranking-Verfahrens sehr zeitintensiv ist, wurde diese Methodik nur anhand einer kleinen Stichprobe mit einem Umfang von 20 Befragten durchgeführt. Darum ist zu betonen, dass die Auswertung nicht repräsentativ für die gesamte Zielgruppe der LOHAS ist, sondern lediglich eine Tendenz zu erkennen geben soll. Der Fokus dieser Arbeit soll auf dem Einstellungsverhalten der LOHAS bezüglich des Lebensmittelsektors liegen, dessen Einfluss durch die Bedürfnisse nicht außer Acht gelassen und verkannt werden sollte.

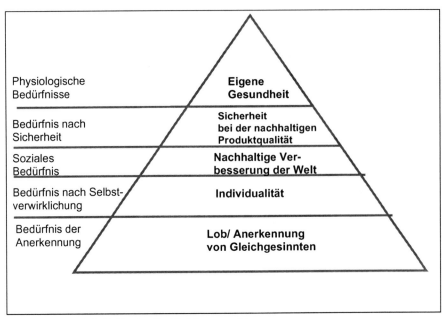

Abbildung 16: LOHAS'sche Bedürfnispyramide
(Quelle: Eigene Darstellung in Anlehnung an Maslow)

Die Auswertung des Rankings zeigt die eindeutige Relevanz der eigenen Gesundheit auf, bei der insgesamt über 65 Prozent diese auf Platz eins sehen und 25 Prozent auf Platz zwei. Den nächsten Rang nimmt die Sicherheit bei der Produktqualität ein. Insgesamt sehen 55 Prozent diese auf Platz zwei und immerhin noch 20 Prozent auf Platz eins. Die Zustimmung zu einem nachhaltigen Leben auf Rang drei hebt sich ebenfalls sehr deutlich von den anderen Stufen ab und somit kann man sagen, dass die sozialen Bedürfnisse der

LOHAS relativ ausgeprägt sind. Die beiden letzten Ränge fallen in ihren Ergebnissen sehr knapp aus. Die von den Studien festgestellte Suche nach Individualität, spiegelt sich demnach in diesen Ergebnissen nicht wieder, da sie an vorletzter Stelle steht. Auch das Bedürfnis nach Anerkennung scheint bei den LOHAS nicht besonders ausgeprägt zu sein, was vermuten lässt, dass sie sich für ihren Lebensstil bewusst entschieden haben und ihnen dieser nicht durch Lob bestätigt werden muss. Mit 75 Prozent ist die Wahl des fünften Ranges damit sehr eindeutig. Die Ergebnisse der Bedürfnisse können demnach wichtige Hinweise für die Ausrichtung des Marketings liefern, vor allem für die Wahl von Werbebotschaften.

5.3.3 Einstellungsmessung

Im Nachfolgenden wird die empirische Forschungsmethodik zur Feststellung der Einstellungsmessung ausführlich erläutert. Zu erwähnen ist, dass in der Literatur oftmals der Einstellungsbegriff auch mit dem Motivationsbegriff der kognitiven Theorie gleichgesetzt wird,[157] in dieser Arbeit wird der Stringenz wegen jedoch immer der Begriff der Einstellung verwendet. Die LOHAS werden persönlich, d.h. face-to-face befragt. Diese Befragung basiert auf dem Zufallsauswahlverfahren, dessen Stichprobenumfang 144 beträgt. Die Ergebnisse in dieser Größenordnung sind zwar nicht für die Hochrechnung auf die gesamte deutsche Bevölkerung geeignet, sie können jedoch durchaus brauchbare qualitative und quantitative Aussagen für unternehmerische Entscheidungen liefern.

Da das Fragebogendesign für das Ergebnis einer Befragung ein ganz entscheidender Faktor ist, wurde bei der Erstellung des Fragebogens auf große Sorgfältigkeit hinsichtlich der sprachlichen Ausdrucksweise, die richtigen Antwortvorgaben und der Dramaturgie geachtet. Nur eine gute Dramaturgie macht den Befragten neugierig und erhöht die Chance auf eine wahrheitsgemäße Beantwortung der Fragen. Demnach ist die Gestaltung des Fragebogens sehr zeitintensiv und laut Kastin nimmt diese, Erfahrungen aus Instituten zufolge, nicht selten bis zu 20 Prozent des Projektaufwandes ein.[158]

---

[157] Krober-Riel kritisiert die Gleichsetzung der Begriffe, da nur die kognitive Komponente, d.h. die bewusste Zielorientierung des Menschen betrachtet und die affektive Komponente, d.h. die nicht bewussten Antriebskräfte, vernachlässigt wird. Vgl. Kroeber-Riel 2003, S.145
[158] Kastin 2008, S.117

Der vorab erarbeitete Fragebogen besteht aus geschlossenen Fragen, was die Auswertung vereinfachen soll und eine Bündelung der Antworten zu einem Gesamtergebnis möglich machen soll. Bei dem Fragebogen für die LOHAS besteht die Antwort-Möglichkeit bei den Single-Fragen in einer „Entweder-oder-Entscheidung", bei den Multiple-Choice- Fragen gilt das Prinzip der „Sowohl-als-auch-Entscheidungen" und lässt demnach mehrere Antwortmöglichkeiten zu.

Der Befragtenkreis erstreckt sich direkt auf die Zielgruppe der LOHAS, um die Einstellungen der LOHAS genau identifizieren bzw. überprüfen zu können. Die Befragung wurde an einem Ort einmalig durchgeführt, nachdem zunächst ein Pre-Test zur Aufdeckung von Schwachstellen im Fragebogendesign durchgeführt wurde. Da der Pre-Test positiv verlief, mussten keine Änderungen bzw. Ergänzungen vorgenommen werden.

Die persönliche Befragung hat den Vorteil, dass sie sehr flexibel einsetzbar ist und direkte Nachfragen vor Ort möglich sind, zugleich hat sie jedoch den Nachteil, dass sie sehr zeitintensiv ist.[159] Ein weiterer Nachteil liegt in der möglichen Beeinflussung durch den Interviewer. Wie alle Messmethoden hat sie zudem den Nachteil, dass die Gefahr besteht, unwahrheitsgemäße Antworten von den Befragten zu erhalten. Im Nachfolgenden wird der Fragebogen, d.h. der Aufbau und die Kategorien, detailliert erläutert, um einerseits die Objektivität der Erhebung aufzuzeigen und an-dererseits die Ziele der einzelnen Bereiche zu benennen.

Fragebogendesign und Aufbau

Der Fragebogen für die LOHAS ist anhand des Marketing-Mix aufgebaut und umfasst die Bereiche *Produkt, Preis, Distribution* und *Kommunikation*. Diese Einteilung soll zum einen die Auswertung später erleichtern und zum anderen dazu beitragen, bei den Handlungsempfehlungen in Kapitel 8 fundierte Aussagen machen zu können. Zudem werden zusätzliche Fragen zu *Servicemöglichkeiten* gestellt sowie nach der *Häufigkeit des Bio-Produktkaufs* und der Wichtigkeit der örtlichen Nähe zur Einkaufsstätte. Die beiden letzten

---

[159] Kastin 2008, S. 21ff.

Fragen lehnen sich an der Studie von Nielsen an und sollen in dieser Empirie noch einmal überprüft werden.

Die erste Frage beschäftigt sich mit dem Bereich *Produkt* und soll aufzeigen, welche Produkteigenschaften den Konsumenten wichtig sind. Die Antwortmöglichkeiten wurden nochmals unterteilt in Produkt und Verpackung, da diese beiden Elemente hinsichtlich ihrer Funktion direkt zusammenhängen. Die erlaubten Mehrfachnennungen machen an dieser Stelle Sinn, da sowohl ein Produkt als auch eine Verpackung mehrere Eigenschaften in sich vereint und die Beschränkung auf eine Antwortmöglichkeit das Ergebnis verzerren würde.

Im dem Bereich *Preis* wird nach der zusätzlichen Zahlungsbereitschaft in den Bereichen Fleisch, Obst/Gemüse und Milchprodukte gefragt. Die Grundbasis ist hierbei der Kilo- bzw. Literpreis eines herkömmlichen Produktes. Zudem ist es für das Marketing wichtig, den Wunsch nach Preisersparnissen in Erfahrung zu bringen, wobei ebenfalls eine Mehrfachnennung möglich ist. Diese Frage wird auch später dazu genutzt die LOHAS zu klassifizieren.

Da die *Distribution* ein entscheidender Faktor sein kann, wird ebenfalls nach der Kilometerleistung gefragt, die die Konsumenten bereit sind für die Erreichung der Einkaufsstätte aufzubringen. Die Zukunftsstudie hat hinsichtlich der Convenience-Produkte einen Aufschwung feststellt und somit kann die Bequemlichkeit, d.h. die Ortsnähe zur Einkaufsstätte ausschlaggebend für das Konsumentenverhalten sein. Außerdem wird die Frage gestellt, in welcher Art von Einkaufsstätte sie am häufigsten Bio-Produkte kaufen, um Potenziale für die jeweiligen Händler zu erkennen.

Innerhalb der *Kommunikation* wird die Frage nach den gewünschten Informationsmöglichkeiten, wie Massenwerbung, direkte Kommunikation und Aktionen gestellt. Laut der Studie des Zukunftsinstituts lassen sich die LOHAS nur schwer durch klassische Werbeformen erreichen. Die forschungsleitende, dritte Annahme soll demnach an dieser Stelle überprüft werden, indem die bevorzugten Werbeformen abgefragt werden.

Die zusätzliche Frage nach der Kaufhäufigkeit von Bio-Produkten zielt darauf ab, später Aussagen über den Involvierungsgrad bzw. die Klassifizierung der LOHAS in Kapitel 3.2.3 geben zu können.

5.3.4 Auswertung des Einstellungsverhaltens

In diesem Abschnitt sollen die Ergebnisse der LOHAS bezüglich ihres differenzierten Einstellungsverhaltens ausgewertet werden. Dabei sollen Einzelergebnisse innerhalb der Zielgruppe wichtige Erkenntnisse für die Produktgestaltung, die Preisfindung, die Distribution und die Unternehmens-Aktivitäten im Marketing liefern. Dazu werden z.T. Faktoren des Marketing-Mix in eine Beziehung zueinander gesetzt, um Erklärungen zu suchen und Ursachen- und Wirkungszusammenhänge herauszufinden. Teilweise werden spezifische Statements von Befragten mit in die Auswertung übernommen, da sie illustrativ zeigen können, was Wenige sagen, aber Viele meinen.[160]

Die Einstellungsverhaltensmessung via Fragebogen umfasst einen Befragtenkreis von 144 und wurde in der Innenstadt von Witten vor dem Bio-Supermarkt „Alnatura" durchgeführt. Da die Wahrscheinlichkeit sehr hoch ist die LOHAS in dieser Einkaufsstätte vorzutreffen, wurde sich bewusst für diesen Ort entschieden. Ausgehend von der Struktur des Marketing-Mix werden die Ergebnisse im Nachfolgenden vorgestellt und durch graphische Darstellungen unterstützt.

Produkt

Im Bereich *Produkt* fällt das Ergebnis der wichtigsten Produkteigenschaften für die LOHAS sehr eindeutig aus. Mit 80 Prozent ist die Produkteigenschaft *Qualität* der Vorreiter, dicht gefolgt von *Genuss und Geschmack* mit 77 Prozent. Auch die *Herkunft* (53%) und die Eigenschaft *naturbelassen/unbehandelt* (63%) sind in den Augen der Konsumenten relativ ausschlaggebende Eigenschaften für den Kauf eines Produktes. An vorletzter Stelle, mit immerhin noch 40 Prozent, liegt *Fair trade*. Mit 17 Prozent bildet die *Marke* das Schlusslicht. Da die LOHAS *Qualität* nicht unbedingt mit einer *Marke* verbinden, spielt diese für sie

---

[160] Die Statements werden nicht explizit als Zitate aufgeführt, da die Personen nicht nach ihren Namen gefragt wurden, um die Anonymität zu wahren.

eine eher unwichtige Rolle. Dies zeigt auch das Statement: „Ich vertraue in meinen Händler und nicht nur in eine Marke. denn mein Händler weiß schon was er seinen Kunden anbieten kann und was nicht." Begründungen für die Auswahl der *Qualität* und der *Herkunft* liegen in der Sicherheit der Inhaltsstoffe. Für die Eigenschaft des Recycelns ist der Wunsch zu erkennen, dass die LOHAS die Umwelt schonen wollen. Bei der Eigenschaft *Fair trade* scheinen sich einige LOHAS nicht sicher zu sein, ob die Unternehmen wirklich auf eine faire Mitarbeiterbehandlung und das Verhindern von Kinderarbeit achten, denn „um Gewissheit über die Situation in armen Ländern zu bekommen, müsste man schon dorthin reisen." Diejenigen, die *Fair trade* für wichtig halten, sind jedoch überzeugt davon, etwas Gutes damit zu tun.

Abbildung 17: Bedeutende Produkteigenschaften für die LOHAS
(Quelle: Eigene Darstellung)

Da die Verpackung in direkter Verbindung mit dem Produkt steht, werden an dieser Stelle die Ergebnisse der Verpackungseigenschaften hinzugezogen. Die wichtigsten Merkmale für die LOHAS sind, dass die Verpackung *wenig Abfall* produziert (74%) und sie *recycelbar* (60%) ist. Die Statements in diesem Zusammenhang zeigen, dass der Wunsch nach einer sauberen Welt sehr groß ist. Der Abstand zu den anderen Nennungen ist sehr groß, denn nur 37 Prozent der Befragten wünschen sich *Informationen zum Produkt* auf der Verpackung. Auch die Größe der Packung scheint für viele Konsumenten keine große Rolle zu spielen, denn nur 20 bzw. 21 Prozent legen Wert auf eine *Single-* bzw. *Familienpackung*. Diese Art der Verpackung wird besonders dann für wichtig gehalten, wenn sich die Befragten in der dementsprechenden Situation befinden. Besonders von älteren Befragten ist das Statement abgegeben worden, dass sie alleinstehend sind. Demnach könnte der minimierte Inhalt einer Singlepackung vermeiden, dass zu viel weggeworfen wird.

Welche Verpackungseigenschaften sind Ihnen am wichtigsten?

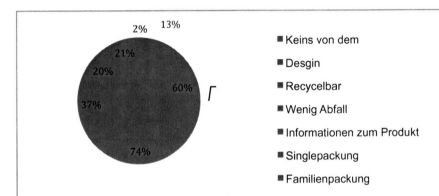

Abbildung 18: Bedeutende Verpackungseigenschaften für die LOHAS
(Quelle: Eigene Darstellung)

Preis

Da der *Preis* ein entscheidender Schlüsselfaktor im Lebensmittelbereich ist und das Preissegment im Bio-Bereich höher angesiedelt werden kann als das im herkömmlichen Lebensmittelsektor, wurde nach der Zahlungsbereitschaft für ökologische *Fleisch-, Obst/Gemüse- und Milchprodukte* gefragt. Die Grundgesamtheit der Befragten im Bereich *Fleisch* beträgt 110, da insgesamt 34 der befragten Bio-Konsumenten Vegetarier sind oder zu selten Fleisch kaufen, um eine Beurteilung abgeben zu können bzw. wollen. Es hat sich ergeben, dass über 80 Prozent der LOHAS die Bereitschaft mitbringen *einen Euro und mehr* für ein Kilo Bio-Fleisch zusätzlich zu zahlen, sogar 35 Prozent sind bereit *mehr als zwei Euro*, d.h. bis zu 30 Prozent mehr als den herkömmlichen Preis aufzuwenden. In diesem Zusammenhang geben die Statements Aufschluss darüber, dass sie damit vor allem verhindern wollen, gentechnisch verändertes Fleisch zu kaufen. Für Obst/Gemüse sind 86 Prozent der Konsumenten willens *50 Cent und mehr* auszugeben (13 Prozent mehr als der herkömmliche Preis). Auch für Milchprodukte liegt die Bereitschaft, mehr als das Doppelte des allgemeinen Verkaufspreises zu zahlen, bei 61 Prozent.[161] Eine häufig genannte Begründung ist die immer noch aktuelle Krise der Milchbauern, deren Existenz durch den geringen Milchpreis bedroht scheint. Der geringe Prozentanteil der Nicht-Bereitschaft liegt hauptsächlich darin begründet, dass die Konsumenten Allergien und Unverträglichkeiten gegenüber den Produkten aufweisen oder sie generell eher darauf bedacht sind, möglichst für kleines Geld einkaufen zu gehen.

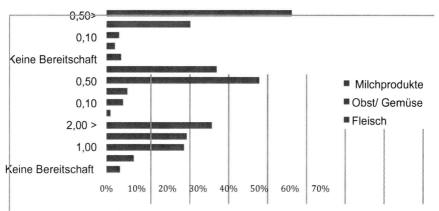

Abbildung 19: Zahlungsbereitschaft der LOHAS nach Produktkategorie
(Quelle: Eigene Darstellung)

Mittlerweile setzen viele Unternehmen darauf durch Preisersparnisse dem Kunden Kaufanreize zu bieten. Die LOHAS scheinen dem nicht ganz aufgeschlossen gegenüber zu stehen, denn 20 Prozent lehnen diese Form ab. Mit 47 Prozent liegen die *Preisrabattcoupons* danach an erster Stelle, gefolgt von *Zwei zum Preis von Einem* mit 37 Prozent und *Mehr Inhalt zum gleichen Preis* mit 33 Prozent. Am wenigsten Zuspruch, mit nur drei Prozent, erhalten *Partnergutscheine*. Die Statements zeigen, dass die LOHAS jedoch die positiv beurteilten Formen der Preisersparnis gerne annehmen würden, wenn diese angeboten werden. Dies liegt hauptsächlich darin begründet, dass Geld zu sparen für alle Konsumenten von Vorteil ist, denn „keiner ist seinem Portemonnaie böse."

---

[161] Die herkömmlichen Preise sind aus dem Sortiment des Supermarktes Real entnommen: Schweineschnitzel (1 kg): 5,99 €, Äpfel (1 kg): 3,99 €, Frische Vollmilch (1 Liter): 0,49 € [Stand: 20.07.09]

Welche Form bevorzugen Sie, um beim Einkauf Geld zu sparen?

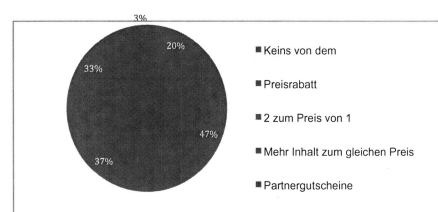

Abbildung 20: Bevorzugte Formen der Preisersparnis
(Quelle: Eigene Darstellung)

Distribution

Die Distributionswege für den Bio-Sektor sind in der heutigen Zeit sehr vielseitig. Die Präferenzen der Einkaufsstätte geben zudem auch Aufschlüsse über die Preisorientierung der LOHAS. Die *Fachhändler* sind mit 87 Prozent die am häufigsten genannte Einkaufsstätte, in der Bio-Produkte gekauft werden. Die meisten der LOHAS kaufen beim Bio-Fachhändler, da sie dort glauben hundertprozentige Bio-Ware zu bekommen und nicht erst nach diesen suchen müssen. Das Vertrauen in den Händler ist ein entscheidender Faktor für die Wahl der Einkaufsstätte, ebenso die Atmosphäre im Laden. Auch das Netzwerk ist für einige Konsumenten wichtig, denn durch regelmäßige Besuche im Laden können sich Kontakte aufbauen, die sich positiv auf den Händler auswirken. Danach folgen *Bio-Bauern* und *Supermärkte,* wie Rewe, Edeka, Real, Kaufland, usw. mit 33 Prozent bzw. 31 Prozent. Die LOHAS scheinen den *Discountern* gegenüber eher misstrauisch zu sein und somit legen nur 24 Prozent ihre Präferenzen auf Lidl, Aldi und Co. Fehlendes Vertrauen in die Qualität ist der am häufigsten genannte Grund für eine Ablehnung von Bio-

Produkten aus dem Niedrigpreis-Segment. Auch der *Wochenmarkt* liegt gleich auf mit den Discountern. Dabei liegt das Problem jedoch eher weniger im Misstrauen, sondern an der Größe der Stadt. Die Bewohner einer Großstadt haben, einigen Statements nach, einen geringen Bezug zum Land bzw. zu regionalen Herstellern.

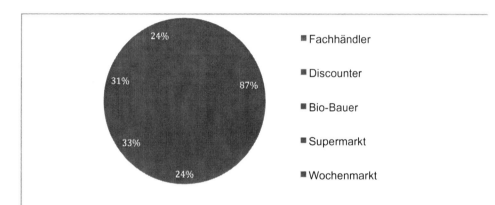

Abbildung 21: Präferenzen der Einkaufsstätte
(Quelle: Eigene Darstellung)

Des Weiteren wurde auch die Bereitschaft abgefragt, in wie weit die LOHAS bereit sind weiter für die präferierten Einkaufsstätte zu fahren. Dies soll aufzeigen, ob für die Verwirklichung des Lebensstils auch Mehraufwand betrieben wird oder ob die Bequemlichkeit siegt, wie es die Studie von Ernst&Young herausgefunden hat. Die Ergebnisse zeigen, dass die LOHAS auch bei dieser Frage geteilter Meinung sind, denn 13 Prozent der Befragten würden Strecken *über zehn Kilometer* in Kauf nehmen, um die Einkaufsstätte zu erreichen, genauso viele LOHAS würden jedoch nur eine Strecke von *einem bis vier Kilometer* zurücklegen. Ebenfalls ein gleiches Ergebnis mit jeweils 37 Prozent erreichen die Entfernungen *fünf bis zehn Kilometer* und *unter einem Kilometer*.

Die Begründungen fallen sehr unterschiedlich aus. An dieser Stelle werden ein paar Statements der Befragten aufgeführt. Die Entfernung unter einem Kilometer resultiert meistens aus der Gegebenheit, dass die Konsumenten ihre Einkäufe zu Fuß erledigen möchten, um die Umwelt zu schonen. Ein ausschlaggebendes Kriterium für Strecken über zehn Kilometer sind zum einen der Wunsch nach einer angenehmen Einkaufatmosphäre oder die geschätzte Qualität der Produkte. Ein weiteres Argument ist die fehlende Präsenz der präferierten Einkaufsstätte in Wohnortnähe. Gerade Bio-Konsumenten, die in kleinen Städten wohnen, müssen demnach weitere Strecken in Kauf nehmen. Die beiden weiteren Angaben zur Strecke sind ebenfalls durch das Produktsortiment und die Qualität begründet worden, die die Bereitschaft auslösen.

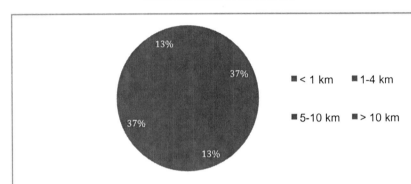

Abbildung 22: Bereitschaft zum Kilometeraufwand zur präferierten Einkaufsstätte
(Quelle: Eigene Darstellung)

Kommunikation

Der Bereich der *Kommunikation* soll überprüfen, ob die LOHAS gänzlich gegen klassische Werbeformen sind und wenn ja, ob sie über andere Kommunikationswege erreicht werden können. Da die Bio-Fachhändler und die Bio-Bauern sehr wenig klassische Werbung für ihre Produkte machen, wurden die LOHAS befragt, ob ihnen Werbung für Bio-Produkte fehlt, um sich zu informieren. Insgesamt 83 Prozent der Befragten geben an kein Bedürfnis dach zu haben. Eine Begründung wurde von den meisten nicht explizit angegeben. Einige wenige Statements zeigen jedoch, dass die Kundenmagazine vom Fachhändler als ausreichend angesehen werden und zu viel Werbung die Konsumenten nerven würden. Bei den 17 Prozent, die eine gesteigerte Werberate wünschenswert finden, liegt die Begründung in der Neugierde an neuen Produkten oder in dem Wunsch nach Transparenz im „Dschungel der Produktvielfalt". Ein weiteres Statement lautet: „Durch Werbung kann man vielleicht mehr Leute davon überzeugen, dass Bio-Produkte besser sind."

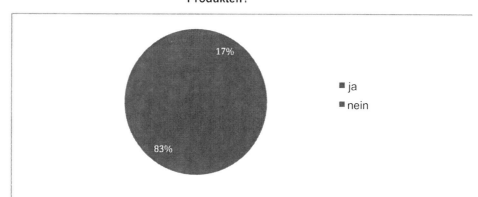

Abbildung 23: Bedürfnis einer Informationsversorgung durch Werbung
(Quelle: Eigene Darstellung)

Um dennoch Potenziale erkennen zu können, wie das Marketing die LOHAS erreichen könnte, wurden den Befragten einige Wahlmöglichkeiten aus dem Bereich „Klassische Werbeformen", „Persönliche Kommunikation" und „Werbeaktionen" zur Verfügung gestellt. Im Bereich des klassischen Marketings werden *Zeitungsbeilagen* (70%) sowie *Zeitungsanzeigen* (24%) und *Plakate* (24%) am häufigsten bevorzugt. Das *Internet* wird als Informationsquelle mit 21 Prozent noch relativ stark genutzt, dennoch überrascht dieses Ergebnis, wenn man die Aussagen der Studien betrachtet, dass die LOHAS sehr medien- und internetaffin sind. Statements zu den Marketing-Formen wurden nur wenige angegeben, dennoch zeigt sich der Trend, dass die Formen gewünscht werden, die zu dem Mediennutzungsverhalten der Befragten kongruent sind.

Die LOHAS scheinen vor allem das klassische Medium der Zeitung zu nutzen und wollen sich über sie durch Anzeigen über Angebote im Bio-Sektor informieren. Auch die Medien TV, Radio und das Internet sind als Informationsquellen wünschenswert, denn die

Statements zeigen, dass die LOHAS bei Werbung nicht unbedingt wegschalten, sondern sich bei der Gelegenheit über diese Form informieren wollen. Plakate sind erwünscht, da sie durch ihre Größe Aufmerksamkeit erzeugen können und viele Konsumenten, auch potenzielle, ansprechen könnten.

Über welche Form würden Sie sich am ehesten informieren?

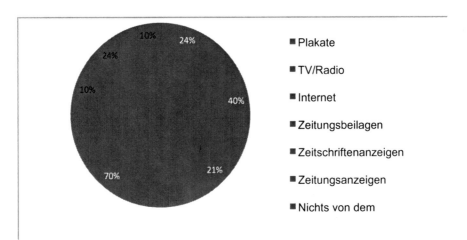

Abbildung 24: Bevorzugte klassische Werbeformen
(Quelle: Eigene Darstellung)

Bei den Formen der direkten Kommunikation werden vor allem die *Probierstände* bevorzugt (53%). *Informationsveranstaltungen* werden mit 20 Prozent gewählt und *Produktvorstellungen* mit 17 Prozent. Immerhin sagten jedoch auch 37 Prozent der Befragten aus, dass sie von den direkten Kommunikationsmöglichkeiten *keine* bevorzugen würden. Dies liegt darin begründet, dass sich die LOHAS nicht unbedingt von Werbeformen beeinflussen lassen wollen. Gerade bei den Informationsveranstaltungen und Produktvorstellungen sind gegensätzliche Meinungen zu erkennen. Während sich einige gerne von geschultem Fachpersonal beraten lassen wollen, schenken viele diesen Leuten keinen Glauben und haben Angst davor in eine Falle zu tappen und schlechte Produkte verkauft zu bekommen. Positiv hingegen werden Probierstände aufgefasst. Die mehrheitlichen Statements zeigen, dass die LOHAS sich gerne selber von der Qualität der Produkte überzeugen möchten, wie auch die Statements bestätigen. Mehrere Befragte gaben auf Nachfrage hin an, dass sie es schätzen, die Produkte vor dem Kauf kostenlos testen zu können.

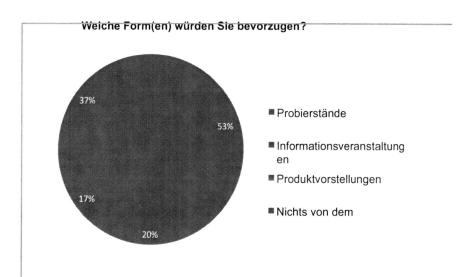

Abbildung 25: Bevorzugte Formen der Persönlichen Kommunikation
(Quelle: Eigene Darstellung)

Um herauszufinden über welche operativen Instrumente die Kundenbindung gestärkt werden kann, wurden den Befragten erneut mehrere Antwortmöglichkeiten zur Verfügung gestellt. Die Hälfte der Befragten bevorzugt *Kundenempfehlungen*, die dem Dialog-Marketing zugerechnet werden können. Die befragten LOHAS vertrauen zwar im Allgemeinen sehr stark auf ihr eigenes Gefühl und ihre Erfahrungen, würden jedoch diese Erfahrungen gerne mit anderen teilen und sich im direkten Dialog austauschen. Auch die *Kundenkarte*, bekannte Modelle wie Payback z.B. sind derzeit schon häufig im Konsumgütermarkt vorzufinden, würden 30 Prozent als wünschenswert ansehen. Sie wünschen sich, wie die Statements zeigen, im gleichen Zuge auf sie ausgerichtete Informationen und z.B. Prämien. Die Akzeptanz ist in diesem Zusammenhang relativ hoch, da die Kunden dadurch einen Mehrwert bekommen und keine Kosten dafür aufwenden müssen. Die geringe Anzahl der Nennungen des *Newsletters* mit nur sieben Prozent steht in Korrelation zur relativ niedrigen Nutzung der Informationsquelle des Internets (21%). Aussagen, die für oder gegen den Bezug eines Newsletters stimmen, sind auf Nachfrage nicht gegeben worden.
Die Akzeptanz der Kundenbindungsinstrumente fällt mit 30 Prozent, die *keine* Form für sich persönlich in Erwägung ziehen, relativ negativ aus. Auch *Kundenevents* werden von der grünen Zielgruppe nicht gewünscht. Gegen diese Instrumente sprechen das Misstrauen hinsichtlich des Datenschutzes bei der Kundenkarte oder die „Überschwemmung" die-

ses Instrumentes auf dem Markt, wie den Statements entnommen werden kann. Zudem vertrauen einige grüne Konsumenten eher auf ihre eigenen Erfahrungen als z.B. Empfehlungen von anderen Kunden.

Welche Form(en) würden Sie bevorzugen?

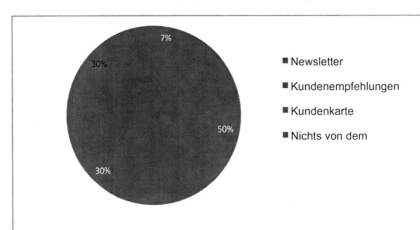

Abbildung 26: Bevorzugte Formen der Kundenaktionen
(Quelle: Eigene Darstellung)

Service und Kaufhäufigkeit

Der Servicebereich wird immer wichtiger für die Kundenbindung, denn die Kunden erwarten einen Zusatznutzen und wollen sich beim Einkauf wohlfühlen.[162] Ein Vielfältiges Service-Angebot kann zudem die Kaufentscheidung positiv beeinflussen. An dieser Stelle sollen durch die Empirie mögliche Potenziale offen gelegt werden. Eine *Beschwerdestelle*, die auch Reklamationen entgegennehmen sollte, wird mit 44 Prozent am häufigsten gewünscht. Eine solche Einrichtung ist in den Augen der Befragten sinnvoll, da sie bei auftretenden Problemen einen reibungslosen Ablauf der Reklamation wünschen und sich dadurch eine Zeitersparnis erhoffen. Auch das Bedürfnis nach einer *Informationsversorgung* durch eigenes Personal aus dem Unternehmen oder durch Experten via *Servicehotline* erhält mit 30 Prozent eine relativ große Zustimmung. Bei auftretenden Fragen wollen sich die LOHAS schnell und unkompliziert informieren, auch von zu Hause aus, wie den Sta-

---

[162] Pfaff 2008, S. 89

tements zu entnehmen ist. Wie man durch Beobachtung feststellen konnte, wird der Heim-Service vor allem von älteren Befragten bevorzugt, da diese laut eigener Aussage Schwierigkeiten beim Transport ihrer Einkaufswaren haben, meist aufgrund von gesundheitlichen Umständen. Bei den Statements von jüngeren LOHAS zeichnet sich ab, dass diese den Service aus Bequemlichkeitsgründen nutzen wollen. „Ich wohne im zehnten Stockwerk und da wäre so ein Service optimal für mich."

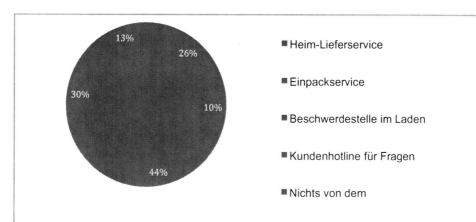

Abbildung 27: Bedeutung der Service-Leistung
(Quelle: Eigene Darstellung)

Ein weiteres entscheidendes Kriterium für das zukünftige Potenzial auf dem Grünen Markt ist die Kaufhäufigkeit von Bio-Produkten, denn durch eine stetige Anzahl von Käufen werden Umsätze stabilisiert. Die Mehrheit, 70 Prozent der grünen Zielgruppe, kauft *mehr als sieben Mal pro Monat* Bio-Produkte und oftmals ist die Anzahl noch erheblich höher, wie den Statements entnommen werden kann. Einige LOHAS ernähren sich sogar zu hundert Prozent nur von Bio-Produkten und erledigen ihren wöchentlichen Einkauf ausschließlich im Bio-Sektor. Ein herausragendes Statement zur Begründung lautet: „Wir lieben einfach Bio und sind überzeugt davon." Zu 17 Prozent werden *drei bis viermal im Monat* Bio-Waren gekauft und auch die Häufigkeit mit drei bis vier Mal im Monat fällt mit 13 Prozent eher gering aus. Diese Erkenntnisse sind ein Indiz für den Involvierungsgrad der LOHAS und zeigen demnach auf, dass die Mehrheit der grünen Zielgruppe ihren ökologischen Bedürfnissen im Lebensmittelsektor stark nachgeht.

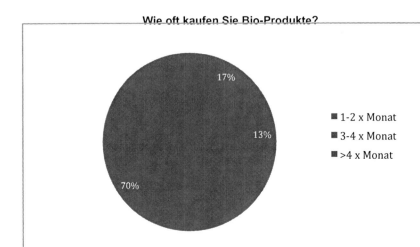

Abbildung 28: Kaufhäufigkeit von Bio-Produkten
(Quelle: Eigene Darstellung)

5.3.5 Wertemessung

Um das Verhalten der LOHAS besser erklären zu können, soll an dieser Stelle die Frage nach dem „Warum" durch eine dritte empirische Erhebung beantwortet werden. Dazu sollen vor allem die Einstellungen zu den Produkteigenschaften von Bio-Waren untersucht werden, die jedoch auf einige beschränkt sind und keinen Anspruch auf Vollständigkeit haben. Die Bedeutung der einzelnen Produktattribute soll dann anhand konkreter Wirkungszusammenhänge detailliert beleuchtet werden, allerdings werden an dieser Stelle situative Zusammenhänge vernach-lässigt.

Die Wertvorstellung soll über das Laddering-Verfahren herausgefunden werden, das als Grundbasis das Modell der Means-End-Chain beinhaltet. Das Means-End-Chain Modell wird im Marketing vor allem dazu genutzt neue Kommunikationsstrategien für Produkt- bzw. Markenpositionierungen zu entwickeln oder auch Entscheidungsprozesse von Seiten der Konsumenten besser nachvollziehen zu können. Das Modell geht davon aus, dass Menschen bestimmte Wertvorstellungen und Ziele haben, die sich auf ihr Kaufverhalten auswirken. Die Kunden ziehen Zusammenhänge zwischen den Produkteigenschaften und den daraus für sie resultierenden Konsequenzen vor einer Nutzung heran.[163] Demnach sollen im nächsten Schritt, dem Laddering-Verfahren, Zusammenhänge zwischen der produktimmanenten Bedeutung (Meanings) und der personenimmanenten Bedeutung herausgefunden werden.

Das Laddering ist eine qualitative Gesprächstechnik, bei der, ausgehend von Schlüsselattributen, die Relevanz für den Konsumenten ständig hinterfragt wird.[164] Durch die Frage: „Warum ist Ihnen das so wichtig?" sollen tieferliegende psychologische Gründe zum Vorschein kommen. Der Interviewer muss sich langsam an die neue Leiterstrebe herantasten, um alle relevanten Informationen des größeren Themenkomplexes zu bekommen. Dazu ist es ratsam leicht modifizierte Fragen zu gebrauchen, wie z.B. „Was verbinden Sie noch damit?", um eine Monotonie oder gar einen Abbruch der Leiter zu verhindern. Im nächsten Schritt werden dann die einzelnen Leitern der Befragten ausgewertet und durch Verknüpfungspunkte, d.h. an den Stellen, an denen gleiche Antwortmuster vorliegen, zusammengefügt. Das Verfahren hat jedoch auch den Nachteil, dass der Assoziationsfluss der Befragten einerseits durch den Interviewer gehemmt wird und anderseits durch die Gewöhnung an die Fragetechnik.[165] Das bedeutet, dass der Befragte im Laufe der Befragung seine Spontanität verlieren kann. Ein weiterer Nachteil besteht in der „Experiment- bzw. Labor-Situation" in der sich der Befragte befindet, was bei nahezu allen empirischen Untersuchungen der Fall ist. Durch eine unwahrheitsgemäße Beantwortung können die Ergebnisse verzerrt bzw. verfälscht werden, die Überprüfung des Wahrheitsgehalts ist jedoch unmöglich durchzuführen.

Für eine leicht verständliche und strukturell gute Darstellungsweise kann man sich der so genannten „Hierarchy Value Map" bedienen, die auch in dieser Arbeit zur Präsentation der Ergebnisse verwendet wird. Die Hierarchy Value Map fungiert als eine kognitive Landkarte, in der die bestehenden Attribute, Konsequenzen und Werte baumähnlich abgetragen werden.[166]

---

[163] Naderer 2007, S. 455
[164] Naderer 2007, S. 458
[165] Esch 2006, S. 257
[166] Schikarski 2005, S.90

5.3.6 Auswertung der Wertvorstellung der LOHAS

Das Laddering-Verfahren wurde mit insgesamt fünf Personen durchgeführt, die zuvor auch den Fragebogen für die LOHAS beantwortet haben. Die geringe Zahl der Teilnehmer liegt hauptsächlich in dem Zeitmangel der Befragten begründet, dennoch kann auch durch die kleine Stichprobe eine Tendenz zur Wertvorstellung abgelesen werden. Um aufzuzeigen, wie das Laddering-Verfahren in der Praxis angewandt wurde und welche Ergebnisse daraus resultieren, wird im Nachfolgenden ein kurzes Beispiel zum Produktattribut *Qualität* aufgeführt:[167]

Interviewer: „Warum ist Ihnen die Qualität so wichtig?"
Befragter: „Weil ich mir sicher sein möchte, welche Zutaten das Produkt enthält."
Interviewer: „Warum ist Ihnen die Sicherheit denn so wichtig?"
Befragter: „Weil ich meinem Körper keinen Schaden zufügen will und mich gesund ernähren möchte."
Interviewer: „Warum ist Ihnen die eigene Gesundheit so wichtig?"
Befragter: „Weil ich lange und zufrieden leben möchte."

In der Hierarchy Value Map sollen die Ergebnisse graphisch präsentiert werden. Die Produktattribute, die auch im Fragebogen untersucht worden sind, sind bereits vorher vorgegeben. Die nachfolgenden Konsequenzen sind von den Befragten selbstständig genannt worden, dabei ist zu erwähnen, dass bei Einfachnennung diese in der Hierarchy Value Map nicht aufgeführt werden. Eine Ausnahme besteht bei den Produktattributen *Marke*, *Verpackungsdesign* und *Familienpackung*, da diese nur einmal weitergeführt wurden und sonst die Produktattribute komplett entfallen würden. Die n-Werte in der Grafik geben die Häufigkeit der Nennung an.

Es ist zu erkennen, dass sich vor allem bei den Produktattributen Qualität und *Herkunft* die Antwortmuster der LOHAS bezüglich der Konsequenzen gleichen. Die Befragten verbinden damit Sicherheit und eine gesunde Ernährung. Diese führen dann zu den Werten Wohlbefinden, Zufriedenheit oder Glück. Sie wollen sich durch die Auswahl der Produkte selbst etwas Gutes tun im Hinblick auf ihre physiologische Verfassung, aber gleichzeitig nicht auf den Genuss verzichten, der ebenfalls zu den gleichen Werten führt. Die Produkt-

---

[167] Im Anhang befinden sich alle vollständigen Exemplare des Laddering-Verfahrens.

attribute *Qualität, Herkunft* und *Genuss/Geschmack* führen somit zu eher Ich-bezogenen Werten, im Gegensatz zu dem Produktattribut *nuturbelassen/unbehandelt* und *Fair Trade*, die eher soziale Werte offenlegen. Alle Befragten wollen durch die ökologischen Produkte die Umwelt schonen und zum Teil nehmen sie dadurch die Wertvorstellung einer sozialen Verantwortung für die nächste Generation ein. Auch der Kauf von Fair Trade-Produkten zeigt die soziale Verantwortung gegenüber anderen als Konsequenz auf. Das daraus resultierende Beruhigen des Gewissens lässt jedoch wieder eine eher egoistische Haltung erkennen, die als Wert das Selbstbewusstsein offen legt.

Für die LOHAS eher unbedeutend scheint die *Marke* zu sein, da diese Leiter nur einmal vollständig durchgeführt wurde. Bei dieser Leiter zeigt sich, dass der demographische Faktor des Einkommens eine Rolle spielt, die als Konsequenz eine verbundene Bereitschaft für einen höheren Preis mit sich zieht. Der Befragte scheint nicht zu hundert Prozent in das typische Schema der LOHAS, ausgehend von den Ergebnissen der Studien und denen aus der empirischen Erhebung zu passen, da er status-orientiert ist und dies Wohlbefinden bei ihm auslöst. Dieses Ergebnis zeigt jedoch abermals auf, dass die LOHAS nicht pauschalisiert werden können. Sie haben zwar oftmals ähnliche Wertvorstellungen, die aber dennoch differieren können.

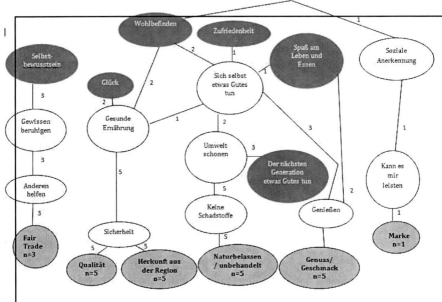

Abbildung 29: Hierarchy Value Map der LOHAS - Produktattribute
(Quelle: Eigene Darstellung)

Bei den Verpackungsattributen sticht vor allem hervor, dass für alle der Befragten die Eigenschaft *wenig Abfall* eine große Rolle spielt. Sie bevorzugen diese Eigenschaft im Hinblick darauf, dass sie die Umwelt schonen wollen. Dies liegt zumeist darin begründet, dass sie der nächsten Generation und vermutlich auch allen nachfolgenden, eine positive und saubere Umwelt hinterlassen möchten.

Auch *Informationen auf dem Produkt* bzw. dessen Verpackung ist für alle Befragten ein ausschlaggebender Punkt. Eine Person benötigt diese Informationen aus gesundheitlichen Gründen, weil sie Allergiker ist. Die anderen Befragten nutzen diese Eigenschaft, um sich Sicherheit über das Produkt hinsichtlich vorhandener Zusatzstoffe zu verschaffen. Diese Gewissheit steht im Zusammenhang mit dem Wunsch bzw. der Konsequenz einer gesunden Ernährung, die für alle fünf Befragten ein ausschlaggebender Punkt ist, der in den eher Ich-bezogenen Werten *Spaß am Leben* und *Wohlfühlen* mündet.

Die Personen, die einen niedrigen Preis und eine Single-Packung bevorzugen, achten eher auf den finanziellen Aspekt beim Kauf, um sich damit Freiraum für andere Kaufmöglichkeiten zu schaffen. Auch hier stehen die Werte *Wohlfühlen* und *Spaß am Leben* im Vordergrund. Nur eine Person gab an, dass sie Familienpackungen bevorzuge, da dadurch weniger Abfall produziert würde. Ziel sei es damit die Umwelt zu schonen und so ebenfalls die Welt für kommende Generationen zu verbessern.

Bei diesem Teil der Befragung fällt auf, dass sich die eher Ich-bezogenen Werte, wie *Wohlfühlen* und *Spaß am Leben* sich die Waage mit den sozial-verantwortlichen Werten, wie *der nächsten Generation etwas Gutes tun*, halten. Die LOHAS präsentieren sich also auch weiterhin als diffuse Zielgruppe, die Widersprüche in sich vereint.

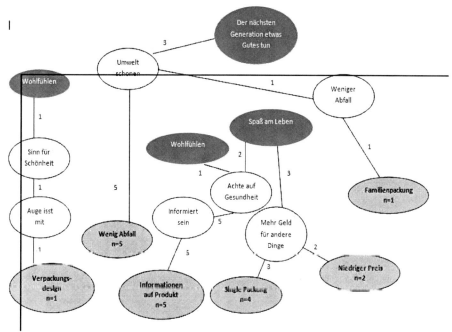

Abbildung 30: Hierarchy Value Map der LOHAS - Verpackungsattribute
(Quelle: Eigene Darstellung)

5.4 Gesamtergebnisse der empirischen Untersuchung

Betrachtet man nun die Ergebnisse der psychographischen Determinanten der LOHAS zusammen, so lassen sich folgende Bedürfnisse, Werte und Einstellungen erkennen, die dann für das Marketing wichtige Erkenntnisse offen legen können. Diese werden später für die Handlungsempfehlungen relevant sein.

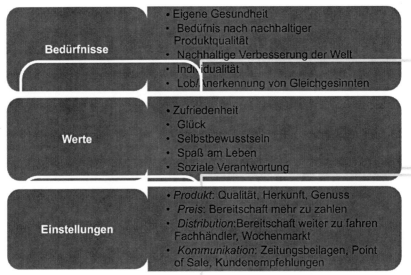

Abbildung 31: **Übersicht über die empirischen Ergebnisse der psychographischen Determinanten der LOHAS**
(Quelle: Eigene Darstellung)

Zusammenfassend lässt sich sagen, dass die LOHAS ihre Bedürfnisse anders positionieren als es in der Maslow'schen Pyramide der Fall ist. Sie setzen ihr physiologisches Bedürfnis an erste Stelle und in diesem Zusammenhang ist ihnen die Sicherheit bei der nachhaltigen Produktqualität sehr wichtig. Die LOHAS richten ihren Lebensstil nach ihren eigenen Wünschen und Bedürfnissen aus und sind, den Studien gegensätzlich, viel mehr auf ihre körperliche Unversehrtheit fokussiert als auf die eigene Individualität oder soziale Anerkennung. Eine Bestätigung von anderen scheint für sie persönlich eher weniger wichtig zu sein, viel bedeutender ist für sie das soziale Bedürfnis nach einer nachhaltigen Verbesserung der Welt. Für sie scheint das Gemeinwohl demnach vor dem eigenen zu liegen, was auch bei der Wertemessung zum Ausdruck kommt.

Die LOHAS machen sich um die nächste Generation Sorgen und wollen, dass ihre Kinder in einer heilen und naturbelassenen Welt aufwachsen können. Es kristallisiert sich jedoch auch eine Ich-Bezogenheit bei den Werten heraus, was gleichzeitig zeigt, dass sie auf Spaß, Zufriedenheit, Glück und ihr eigenes Wohlbefinden nicht verzichten möchten. Das Wohlbefinden kann aus der eigenen Gesundheit resultieren, korreliert jedoch gleichzeitig damit, dass sie sich selbst durch ihr Verlangen nach Genuss im Lebensmittelbereich etwas Gutes tun wollen.

Dieser Trend zeigt sich auch bei dem Einstellungsverhalten der LOHAS bezüglich ihrer Kauferwartungen, da sie den Genuss eines Produktes als sehr wichtig ansehen. Daneben scheinen die Qualität und die Gewissheit über die Herkunft wichtige Faktoren für die Kaufentscheidung zu sein, die Marke und Verpackung hingegen sind eher weniger bzw. gar nicht relevant. In der Literatur ist man sich derzeit uneinig, ob die Bereitschaft der LOHAS einen höheren Preis zu zahlen besteht, denn einige Studien gehen davon aus, dass eine Bereitschaft durch die hohe Qualität existiert und andere, dass die Bereitschaft nicht über zehn Prozent hinausgeht. Die Untersuchung in dieser Arbeit zeigt, dass die Mehrheit der LOHAS sehr wohl bereit sind mehr für Bio-Produkte zu zahlen und das sogar bis zu 30 Prozent bei Fleisch, 13 Prozent bei Ost/Gemüse und über 100 Prozent bei Milchprodukten, da sie die Milchbauern in der derzeitigen Krise fördern wollen. Auch im Bereich der Distribution und der Kommunikation entsprechen die Ergebnisse dieser Empirie nicht denen aus den Studien. Für die präferierte Einkaufsstätte nehmen die LOHAS mehrheitlich eine größere Entfernung, teilweise mehr als zehn Kilometer, in Kauf und die klassischen Formen der Werbung, wie Zeitungsbeilagen, TV und Radio oder auch Plakate werden als Informationskanal bevorzugt. Die Einstellung zur persönlichen Kommunikation ist durchaus positiv, bei der vor allem Probierstände und Kundenempfehlungen, Zuspruch erlangen.

Um die LOHAS zu klassifizieren wird nun das in Kapitel 3.2.2 vorgestellte Positionierungsmodell hinzugezogen. Die Werte aus den Einzelergebnissen der empirischen Untersuchung geben Aufschlüsse darüber, in welcher Typologie sich die befragten LOHAS befinden und wie groß ihr Gesamtanteil in dem jeweiligen Segment ist.

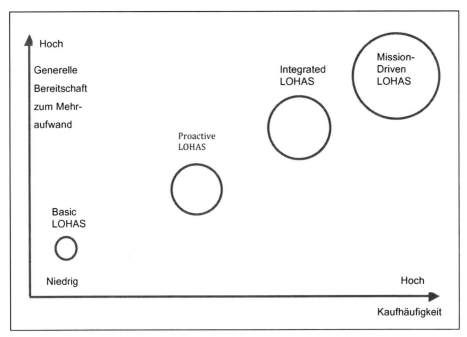

Abbildung 32: Klassifizierung der LOHAS
(Quelle: Eigene Darstellung)

Wie der Graphik entnommen werden kann, sind die meisten Befragten zu der Klasse der „Mission-Driven LOHAS" zuzuordnen, da ihre Kaufhäufigkeit sehr hoch ist, wie die Ergebnisse aus der Empirie zeigen (70%), ebenso wie die Bereitschaft eine Strecke von fünf bis über zehn Kilometer (50%) für die präferierte Einkaufsstätte in Kauf zu nehmen. Die Klasse der „Basic LOHAS", die weniger häufig Bio-Produkte kaufen und eine geringe Preisbereitschaft haben, fällt in dieser empirischen Untersuchung sehr gering aus, was zeigt, dass die Käufer in Bio-Fachgeschäften eher einen konsequenten Lebensstil verfolgen. Die in dem Modell aufgeführten „Pre-LOHAS", die eher Gelegenheitskäufer sind und nicht bereit sind für Bio-Produkte mehr zu zahlen fallen an dieser Stelle ganz heraus.

6. Empirische Untersuchung der Zielgruppe *Allgemeine Konsumenten*

6.1 Untersuchungsmethode

Auch für die Untersuchung des Einstellungsverhaltens der allgemeinen Konsumenten bzw. der breiten Masse eignet sich die Methodik der persönlichen Befragung via Fragebogen. Er richtet sich an allgemeine Konsumenten, die die vorab gestellte Frage nach der Nutzung von Bio-Produkten verneinen. Die Einstellungsmessung bedient sich hier der Methodik des so genannten Ratingverfahrens, bei dem ein Beurteiler gebeten wird, ein Objekt auf einer mehrstufigen Skala einzuordnen. In dieser Erhebung besteht diese aus vier Möglichkeiten. Die Wahl einer geraden Anzahl von Antwortmöglichkeiten soll vermeiden, dass die Befragten aus Bequemlichkeit die Mitte wählen und so unbeabsichtigter Weise einen Mittelwert erzeugen, der normalerweise nicht aufgetreten wäre. Das Rating zählt zu den direkten Skalierungsverfahren, da der Befragte alleine darüber entscheidet wie groß der Messwert ausfällt, was dazu führt, dass die Erfassung eher subjektiv ausfällt.[168] Die empirische Untersuchung soll die Einschätzung der Konsumenten zu Lebensmitteln aufdecken.

Der Fragebogen soll die persönliche Wichtigkeit des Konsumenten in den jeweiligen Bereichen des Marketing-Mix offen legen, wie z.B. die Wichtigkeit bei der Qualität von Lebensmitteln, deren Genuss bzw. Geschmack und deren Design im *Produkt-Bereich*. Zudem wird die Wichtigkeit nach einem niedrigen Preis, der örtlichen Nähe und der Informationsversorgung durch Werbung befragt. Die Ergebnisse werden im späteren Verlauf vor allem für die Handlungsempfehlungen in Kapitel 8 relevant sein.

Um festzustellen, ob die breite Masse auch zu potenziellen Kunden für den Grünen Markt werden können, wird zudem nach der Wichtigkeit der eigenen, gesunden Ernährung und dem Stellenwert der Bio-Produkte für die Gesellschaft gefragt. Zudem wird versucht herauszufinden, welche Gründe für die Ablehnung von Bio-Produkten, ausschlaggebend sind. In diesem Zusammenhang versucht die Erhebung die Wechselbereitschaft zum Bio-Sektor, unter der Annahme, dass der Ablehnungsgrund vermieden wird, festzustellen. Dies ist besonders wichtig, um Potenziale für den Grünen Markt erkennen zu können.

---

[168] Küchenhoff 2006, S.164

Ziel dieses Ratingverfahrens ist es demnach Aussagen über die Konsumenten hinsichtlich ihrer Einstellungen zum Lebensmittelsektor treffen zu können und ein möglicherweise bestehendes Potenzial für den Grünen Markt aufzudecken. Die Befragung im Bereich des Marketing-Mix ist an dieser Stelle relevant, da die Ergebnisse eine wichtige Grundlage und Ergänzung für die Marketing-Aktivitäten eines Unternehms liefern, vor allem dann, wenn eine Wechselbereitschaft zu Bio-Produkten von Seiten des Kunden bestehen würde.

6.2 Auswertung des Einstellungsverhaltens der allgemeinen Konsumenten zum Lebensmittelsektor

Die Befragung wurde, wie die der LOHAS auch, face-to-face durchgeführt. Als Befragungsort wurde die Innenstadt von Menden an einem Markttag vorab festgelegt. Die Wahl des Befragungstages ist in einer Kleinstadt von besonderer Bedeutung, da an Markttagen die „kritische Masse", d.h. die nötige Anzahl der Befragten, um eine gewisse Repräsentativität zu gewährleisten, besser erreicht werden kann. Der Befragtenkreis erstreckt sich bei der dieser empirischen Untersuchung auf 154 Personen.

Produkt

Um die Kundenwünsche optimal befriedigen zu können, muss ein Unternehmen wissen, welche Produkteigenschaften von den Konsumenten gefordert werden, damit das *Produkt* gekauft wird. Besonders ausschlaggebende Punkte bei der Wahl des Produktes ist die *Qualität*, die zu 86 Prozent als sehr wichtig und zu 14 Prozent als wichtig angesehen wird. Ein Statement zeigt die Einstellungen, stellvertretend für andere, sehr deutlich: „Da weiß man einfach was man hat." Auch der *Genuss bzw. Geschmack* spielt eine entscheidende Rolle, denn für insgesamt 85 Prozent ist dieser ein entscheidendes Kaufargument. Häufig wurde bei den Statements angegeben, dass den Kunden die Produkte schmecken müssen, ansonsten fällt die Kaufentscheidung negativ aus. Bei der Einstellung zu den *Marken* scheiden sich die Gemüter. Das Verhältnis von 53 Prozent, die dieser Eigenschaft eher eine unwichtige bzw. eher wichtige Funktion zuordnen zu 48 Prozent für die Marken beim Einkauf wichtig oder sehr wichtig sind, ist somit relativ ausgewogen. Bei dem *Verpackungs-Design* lässt sich jedoch eine klarere Tendenz erkennen. 66 Prozent achten beim Einkauf weniger bis gar nicht auf das Verpackungsdesign und nur für zehn Prozent ist die visuelle Eigenschaft sehr wichtig. Die Begründung für die ablehnende Haltung kann man wieder aus den Statements erkennen. Demnach kann der Konsument keinen großen Nutzen aus der Verpackung ziehen, da sie irrelevant für die Qualität ist, die als Eigenschaft sehr hoch eingestuft wird.

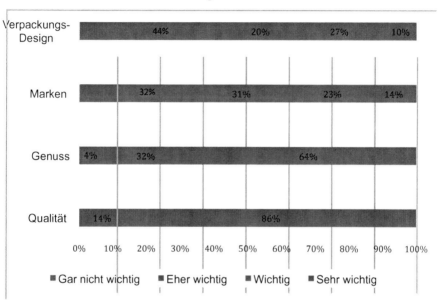

Abbildung 33: Einstellungen zu den Produkteigenschaften
(Quelle: Eigene Darstellung)

Preis

Im Bereich *Preis* wurden die Befragten nach ihrer persönlichen Einstellung zum niedrigen Preissegment befragt. Dies soll Aufschluss über die derzeitige Tendenz zur Zahlungsbereitschaft geben.[169] Für 57 Prozent ist ein niedriger Preis von großer Bedeutung und für 32 Prozent ist dieser sogar ein sehr wichtiger Faktor. Somit sind nahezu 90 Prozent der Befragten nicht gewillt für Lebensmittel hohe Preise zu bezahlen. Begründet wird dies hauptsächlich dadurch, dass in den Augen der Kunden das Leben im Allgemeinen immer teurer wird und sie deswegen dazu gezwungen sind auf den Preis zu achten. Stellt man nun eine Beziehung zur Einstellung hinsichtlich der Qualität her, unter der Annahme „Qualität hat

---

[169] Die Preisbereitschaft steht oftmals in direktem Zusammenhang mit demographischen Faktoren, wie Alter, sozialer Status und Einkommensklasse ab. Diese bleiben an dieser Stelle unberücksichtigt, da primär die psychographischen Determinanten betrachtet werden sollen. Dies soll jedoch nicht bedeuten, dass die Wechselbeziehung nicht von Bedeutung für marketingrelevante Schlüsse ist.

ihren Preis", so sieht man, dass die Konsumenten nicht bereit sind für eine gute Qualität mehr zu zahlen. Im Gegenzug lässt sich vermuten, dass die Konsumenten mit der Qualität im Niedrigpreissegment zufrieden sind oder sie durch ihr Budget eingeschränkt sind.

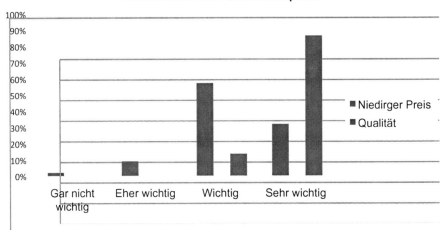

Abbildung 34: Korrelation der Preisbereitschaft und des Qualitätsanspruchs der LOHAS
(Quelle: Eigene Darstellung)

Distribution

Wie auch bei der Einstellungsmessung der LOHAS, wurden die allgemeinen Konsumenten zum Bereich der *Distribution* hinsichtlich ihrer Einschätzung zur Wichtigkeit der Ortsnähe befragt, um Rückschlüsse zur Bequemlichkeit ziehen zu können. Diese zeichnet sich bei 81 Prozent der Befragten ab, die eine kurze Entfernung zur Einkaufsstätte als wichtig oder sehr wichtig auf der Skala eingestuft haben. Auch in den Statements zeichnet sich der „Convenience-Trend" ab. Viele Konsumenten sind nicht bereit viel Zeit für die Wegstrecke aufwenden. Des Weiteren wurden ökonomische Gründe genannt, denn in der heutigen Zeit sind die Benzinpreise sehr hoch und belasten das Portemonnaie der Kunden. Dennoch sagen immerhin auch 17 Prozent, dass ihnen die Nähe zur präferierten Einkaufsstätte nicht besonders wichtig ist. Die Begründung für diesen Mehraufwand liegt in einem guten Angebotsportfolio und der gewohnten Umgebung im Laden.

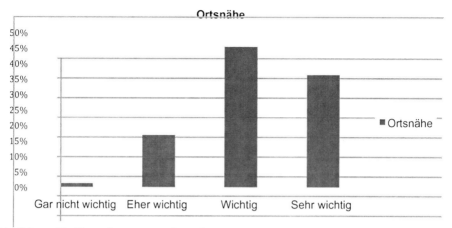

Abbildung 35: Einstellungen zur Ortsnähe
(Quelle: Eigene Darstellung)

Kommunikation

Der Bereich der *Kommunikation* ist für Unternehmen von besonderer Bedeutung, denn über diesen Weg müssen sie ihre Zielgruppe erreichen, um Umsätze generieren zu können. Demnach soll an dieser Stelle festgestellt werden, wie wichtig den Konsumenten die Informationsversorgung durch Werbung in der heutigen Zeit der Massenwerbung ist. Die Konsumenten werden täglich mit ca. 4500 Werbebotschaften am Tag konfrontiert und somit versuchen die Unternehmen im Kampf um die Aufmerksamkeit den Kunden durch einen erhöhten Werbedruck zu erreichen.[170] Die Ergebnisse der empirischen Studie zeigen, dass 46 Prozent Werbung für gar nicht bzw. eher wichtig halten. Interessanterweise liegen die relativen Werte der Einstellungsskala „wichtig" bei 40 Prozent, kumuliert man diese zu den Werten „sehr wichtig", so sprechen sich mit 54 Prozent über die Hälfte der Befragten für Werbung aus. Damit hält sich das Verhältnis zwischen Ablehnung und Befürwortung nahezu in Waage, was sehr erstaunlich ist, hört man doch regelmäßig den Turnus von den Konsumenten, dass sie Werbung nicht gerade für gut heißen.[171] Die Begründungen für Werbung als unwichtigen Faktor in dieser Untersuchung decken sich mit denen aus der GfK-Studie. Die Befragten geben vor allem an, dass sie die Werbung im Allgemeinen für

---

[170] Gesamtverband der Werbeartikel-Wirtschaft e.V. (GWW) (Hg.) 2005, S.3
[171] Laut der Studie „Alternative Werbeformen" 2007, herausgegeben von der GfK, liegt das Hauptproblem in dem Überangebot von Werbung (46%), die zu geringe Begeisterungsfähigkeit (39%) sowie dass sie nervig (23,9%) und zu unpersönlich ist (17,6%).

überflüssig halten oder die Masse der Werbebotschaften sie sogar verärgert. Die andere Seite der Verbraucher zeigt den Wunsch nach Informationen über das Produkt. Zudem ist für viele der Befragten die Werbung Mittel zum Zweck, um den Durchblick auf dem Produktmarkt zu behalten.

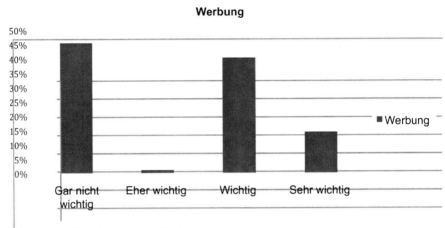

Abbildung 36: Einstellung zur Werbung
(Quelle: Eigene Darstellung)

6.3 Auswertung der möglichen Potenziale für den Grünen Markt

Um mögliche Potenziale in der breiten Masse für den Grünen Markt erkennen zu können, wurden die Verbraucher mit direkten Fragen zum Bio-Segment konfrontiert. Des Weiteren wurden einige Fragen so konzipiert, dass der Konsument keine Verbindung zum Grünen Markt herstellt, sich dennoch Tendenzen und Potenziale ablesen lassen. Obwohl sich diese Arbeit weitestgehend nur an den psychographischen Determinanten orientiert, ist der demographische Faktor *Alter* an dieser Stelle von Bedeutung. Dies liegt darin begründet, da die Konsumenten verschiedene Verhaltensgewohnheiten hinsichtlich ihrer Erziehung und situativen Bedingungen in der früheren Zeit aufweisen, wie z.B. Nahrungsknappheit in der Nachkriegszeit oder die Selbstverständlichkeit der Selbstversorgung durch Nutzgärten, spielt der demographische Faktor eine Rolle. Die Altersklassifizierung ist auch hinsichtlich der Marketingaktivitäten eines Unternehmens notwendig, denn die Zielgruppenansprache sollte differenziert geschehen, um Streuverluste zu vermeiden.

Der am häufigsten genannte Grund für die fehlende Kaufbereitschaft von Bio-Produkten ist der *hohe Preis*. Besonders ausgeprägt ist diese Meinung in den Zielgruppen der 20 bis 30jährigen (70%), 30 bis 40jährigen (75%) und den über 60jährigen (73%), die die hohen Preise in keinerlei Beziehung zu der Leistung der Produkte sehen. Es lässt sich annehmen, dass diese Tendenz durch einen weiteren demographischen Faktor, und zwar das Einkommen entsteht, denn vor allem jungen Konsumenten und Rentnern steht oftmals ein geringes Budget zum Leben zur Verfügung. Da der soziale Status jedoch nicht abgefragt wurde, können an dieser Stelle keine genauen Angaben dazu gemacht werden.

Aufgrund der Mehrfachnennungen im Pre-Test wurden die *Lebensmittelskandale*, die in der heutigen Zeit vermehrt auftreten, als Antwortmöglichkeit mit in den Fragebogen aufgenommen. Dieser Grund wurde in der Zielgruppe der 40-50jährigen mit 30% am häufigsten genannt, in den anderen Zielgruppen sind die Werte eher weniger ausschlaggebend. Die auftretende Häufigkeit des Ablehnungsgrundes ist sehr verwunderlich, da sich trotz sorgfältiger Recherche keine Lebensmittelskandale im Bio-Sektor feststellen lassen.
Auch hier lassen sich wieder nur Vermutungen aufstellen, wie der doch relativ hohe Anteil der Nennungen zu Stande kommt. Die derzeit häufig auftretenden Lebensmittelskandale scheinen auf die Bio-Lebensmittelbranche transferiert zu werden. Geht man vom allgemeinen Image aus, dass gerade Bioprodukte qualitativ hochwertig sind, lässt sich dies jedoch kaum erklären.

Eine Annahme ist, dass die Konsumenten zu wenig über Bio-Produkte informiert sind und sie deswegen den unbekannten Produkten noch weniger Vertrauen schenken als den ihnen bekannten. Da Produkte, die man gewohnheitsgemäß konsumiert, zumeist Suchgüter sind, schenkt man diesen ein gewisses Vertrauen und glaubt an deren Qualität. Diese Annahme bedarf jedoch genaueren Untersuchungen, die an dieser Stelle nicht durchgeführt werden können. Würde sich jedoch die Tendenz bei einer gleich ausgerichteten empirischen Untersuchung mit einem größeren Befragtenkreis zeigen, so sollte man unbedingt versuchen die Gründe herauszufinden. Die Aufdeckung könnte wertvolle Hinweise zum Image von Bio-Produkten liefern sowie Chancen für das Marketing aufdecken und Risiken minimieren.

Dies gilt ebenfalls für die Begründung des *generellen Misstrauens* gegenüber Bio-Produkten, das mit 39 Prozent vor allem die Zielgruppe der 40 bis 50jährigen und mit 18

Prozent die über 60jährigen geäußert hat. Auch hier liegt die Vermutung nahe, dass zu wenige Informationen von Seiten der Unternehmen bzw. Produkthersteller vermittelt werden und die Unkenntnis eine negative Einstellung auslöst. Würde diese Annahme stimmen, so müsste jedoch im Bereich der Kommunikation besondere Achtung gewahrt und eine ausgeklügelte Kommunikationsstrategie erarbeitet werden. Durch eine, schon vor der ersten Kontaktaufnahme, vorliegende Grund-Skepsis, wird die Überzeugungsarbeit erschwert und eine zu aggressive Marktentwicklungs-Strategie könnte ein Reaktanzverhalten bei den Konsumenten auslösen.

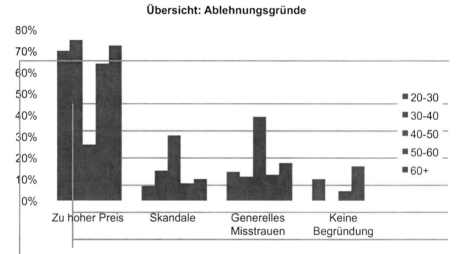

Abbildung 37: Gründe für die Ablehnung des Bio-Sektors
(Quelle: Eigene Darstellung)

Ein eindeutiger Trend bei allen Zielgruppen zeigt sich bei der Frage nach der Wechselbereitschaft zum Bio-Sektor. Wenn sich das Preissegment der Bio-Produkte auf einem niedrigeren Niveau befinden würde, wären 93 Prozent der jungen Zielgruppe und sogar 100 Prozent der Zielgruppe der 40-50jährigen eher bereit ökologische Produkte zu kaufen. Die geringste Bereitschaft weisen die Zielgruppe der über 60jährigen (45%) und die der 50 bis 60jährigen auf (63%), was vermuten lässt, dass sie an gewohnten Produkten festhalten wollen und ihr Interesse an Bio-Produkten gering bleibt. Das soll nicht bedeuten, dass sich diese Ergebnisse pauschalisieren lassen, sie geben jedoch eine Tendenz an.

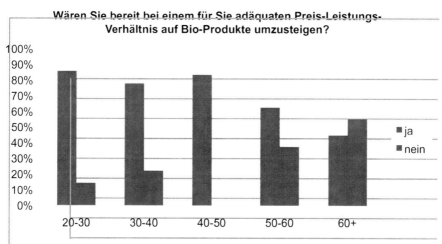

Abbildung 38: Wechselbereitschaft zu Bio-Produkten bei adäquatem Preis-Leistungs-Verhältnis
(Quelle: Eigene Darstellung)

Eine Vermeidung von Lebensmittelskandalen im Bio-Sektor scheint die Wechselbereitschaft weniger zu tangieren, da, so scheint es, das Vertrauen bei solchen Vorfällen schwer wieder herzustellen ist. Mit nur 20 Prozent wären die über 60jährigen am wenigsten dazu bereit, bei den 20 bis 30jährigen und den 50 bis 60jährigen wäre es zumindest die Hälfte. Die Statements zeigen, dass eine Wechselbreitschaft erst dann erfolgen würde, wenn sich die Konsumenten sehr sicher sein können, dass ihnen keine künstlichen Lebensmittel verkauft werden. Zudem gestehen sich einige Befragte in diesem Zuge auch ein, dass die Lebensmittelskandale auch bei herkömmlichen Lebensmitteln vorkommen. Die Erkenntnisse zu diesem Bereich bestätigen ebenfalls, dass eine grundlegende Nachforschung über die Gründe des Transfers in den Köpfen der Konsumenten, von großer Bedeutung für den Bio-Sektor ist.

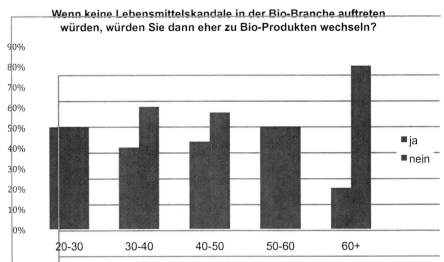

Abbildung 39: Wechselbereitschaft zum Bio-Sektor bei Vermeidung von Lebensmittelskandalen
(Quelle: Eigene Darstellung)

Ein mögliches Potenzial für den Grünen Markt bzw. Bio-Sektor lässt sich zudem in der Einschätzung zur persönlichen Ernährung erkennen. 91 Prozent der Befragten geben an, dass ihnen eine gesunde Ernährung sehr wichtig oder wichtig ist, nur acht Prozent halten diese für eher wichtig, ein Prozent für unwichtig. Dies zeigt, dass die Nahrungsaufnahme nicht mehr nur zur Befriedigung des physiologischen Bedürfnisses stattfindet. Dieser Trend ist schon länger in der Gesellschaft zu erkennen und steht im Zusammenhang mit dem Wertewandel, der in Kapitel 2 detailliert erläutert wurde. Das Einstellungsverhalten wird sich vermutlich auch in naher Zukunft bzw. sogar langfristig nicht ändern und könnte somit eine Chance für den Bio-Sektor bedeuten. Dazu muss jedoch die Voraussetzung gegeben sein, dass die Konsumenten in den Bio-Produkten eine optimale Lösung für das Befriedigen ihrer Bedürfnisse nach gesunder Ernährung sehen.

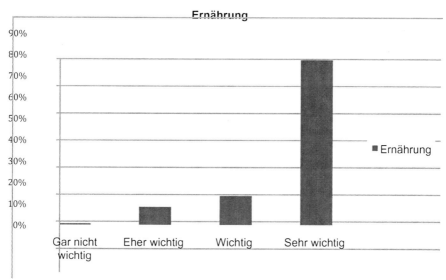

Abbildung 40: Einstellung zur gesunden Ernährung
(Quelle: Eigene Darstellung)

Um das Image und den Stellenwert des Bio-Sektors herauszufinden wurde nach dessen Funktion für die Gesellschaft gefragt. Die Einstufung der Wichtigkeit der Bioprodukte für die Gesellschaft hält sich genau die Waage, wobei 32 Prozent diese als wichtig ansehen, 18 Prozent sogar als sehr wichtig, 36 Prozent als eher wichtig und 14 Prozent als gar nicht wichtig. Die Ergebnisse zeigen somit ein gewisses Paradoxon in Bezug auf die Ablehnungsgründe auf. Die Hälfte schreibt den Bio-Produkten damit eine wichtige Funktion für die Gesellschaft zu obwohl der Ablehnungsgrund des generellen Misstrauens innerhalb der Zielgruppen relativ oft genannt wurde.

Den Statements ist zu entnehmen, dass Bio-Produkten aufgrund ihrer ökologischen Abbaufähigkeit und die Vermeidung von giftigen Stoffen bei der Herstellung ein doch eher positives Image zugerechnet wird. Bei den negativen Statements ist erneut das generelle Misstrauen zu erkennen, denn Bio-Lebensmittel seien nicht besser als herkömmliche Lebensmittel. Diese unterstützen die Gesellschaft sogar besser, da die billigen Produkte die Existenz von armen Leuten sichern.

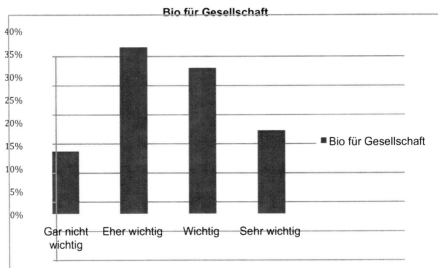

Abbildung 41: Bedeutung der Bio-Produkte für die Gesellschaft
(Quelle: Eigene Darstellung)

Betrachtet man das Einstellungsverhalten der allgemeinen Konsumenten, so zeigen sich vor allem dann mögliche Potenziale für den Grünen Markt auf, wenn das Preis-Leistungsverhältnis in den Augen der Konsumenten angemessen ist. Im Allgemeinen lässt sich in diesem Zusammenhang jedoch erkennen, dass ein niedriges Preissegment für sehr wichtig gehalten wird und damit ein ausschlaggebendes Kaufargument sein kann. Da die Bedeutung von Bio-Produkten für die Gesellschaft als relativ hoch eingeschätzt wird, diese Einstellung jedoch nicht mit dem persönlichen Bedürfnis nach der Nutzung von Bio-Produkten übereinstimmt, müsste genauer erforscht werden wie dieses Missverhältnis zu Stande kommt. Vor allem die Einstufung des gesunden Ernährungsverhaltens, das die meisten Konsumenten befürworten, könnte Potenziale offen legen.

Hier sei noch einmal erwähnt, dass eine nähere Untersuchung der genannten Ablehnungsgründe, wie der zu hohe Preis, die auftretenden Lebensmittelskandale und das generelle Misstrauen gegenüber dem Bio-Sektor von Vorteil sein könnte, um das Ausweitungspotenzial der Zielgruppe der LOHAS abschätzen zu können. Auch Prognosen für den weiteren Verlauf des Produktlebenszyklus bzw. in diesem Fall der Marktlebenszyklus könnten so abgegeben werden.

Die Befragung zu den Bereichen des Marketing-Mix ist ebenfalls entscheidend für die Identifikation der Zielgruppe und die Anwendung des operativen Marketings. Dies gilt vor allem dann, wenn eine Wechselbereitschaft vorliegt. Eine Chance zeichnet sich gerade bei der jüngeren Zielgruppe und bei den Konsumenten im mittleren Alter ab. Betrachtet man nun die Einzelergebnisse aus dem Marketing-Mix könnten die Produkteigenschaften Qualität, Genuss, die Ortsnähe und ein zielgruppengerichteter Werbeeinsatz die Wechselbereitschafbegünstigen.

7. Überprüfung der forschungsleitenden Annahmen

7.1 Annahme 1: *Die Bereitschaft der LOHAS für Bio-Produkte mehr zu zahlen ist nicht gegeben.*

Auffällig ist, dass sich die Studien hinsichtlich ihrer Aussagen über die Zahlungsbereitschaft widersprechen. Das Zukunftsinstitut sagt, LOHAS seien bereit für ihren Lebensstil tief in die Tasche zu greifen, Ernst&Young behauptet das Gegenteil. Wie man zu Beginn der empirischen Untersuchung in Kapitel 5.3.2 sehen konnte, zeigt sich in dieser Arbeit der deutliche Trend, dass viele der Befragten bereit sind mehr für Bio-Produkte auszugeben. Bei allen drei untersuchten Produktgruppen (Fleisch, Obst/ Gemüse/ Milchprodukte) zeigt sich offensichtlich, dass es noch Preisspielraum nach oben gibt, wenn es nach der Zahlungsbereitschaft der LOHAS ginge. Das liegt hauptsächlich daran, dass die LOHAS die Qualität von Produkten zu schätzen wissen und auch aktuelle Krisen in der Lebensmittelbranche, wie die der Milchbauern, begünstigen eine höhere Bereitschaft. Die Annahme, dass LOHAS nicht bereit sind, für Bio-Produkte mehr zu zahlen, kann somit als widerlegt angesehen werden.

Dennoch hat die Empirie in dieser Arbeit, durch die Einstellungsbefragung zu einigen wenigen Grundnahrungsmitteln, nur einen kleinen Ausschnitt aus dem Lebensmittelsortiment überprüft. Die Zahlungsbereitschaft hängt vom subjektiven Wert ab, der einem bestimmten Leistungsangebot beigemessen wird. Ob die LOHAS, die nicht auf Genuss und Spaß verzichten wollen, auch die gleiche Bereitschaft z.B. bei Luxusgütern mitbringen, müsste noch empirisch untersucht werden. Da die relativen Werte der Preisbereitschaft sehr hoch sind, kann man davon ausgehen, dass der Trend bei der grünen Zielgruppe auch weiterhin anhalten wird. Ausgenommen hierbei sind wieder externe und situative Faktoren.

7.2 Annahme 2: *Die LOHAS lassen sich über klassische Werbeformen nur schwer erreichen.*

Das Zukunftsinstitut geht von einer großen Technikaffinität der LOHAS aus und behauptet, dass die LOHAS über klassische Werbeformen nur schwer zu erreichen sind und besonders Printmedien seien höchstens zweite Wahl. Die empirische Studie in dieser Arbeit hat jedoch Hinweise darauf geben, dass die LOHAS sich zumindest bei der Informationsversorgung doch nicht so sehr auf das neue Medium verlassen und sich lieber über die klassischen Printmedien, wie Zeitungsanzeigen, Zeitungsbeilagen und Zeitschriften informieren wollen. Auch TV/Radio-Werbung und Plakate sind als Bezugsquelle eine weitere Option für sie Somit scheinen die Ergebnisse dieser Studie gegensätzlich zu denen der Zukunftsstudie zu sein. Die Annahme kann damit als widerlegt angesehen werden.

7.3 Annahme 3: Die grüne Zielgruppe weitet sich in naher Zukunft aus.

Bei der empirischen Studie zu den allgemeinen Konsumenten hat sich deutlich herausgestellt, dass die Konsumenten den Bio-Produkten generell einen hohen Stellenwert für die Gesellschaft beimessen, für sie persönlich ist dieser jedoch nicht gegeben. Trotzdem kommt der gesunden Ernährung eine wesentliche Rolle zu, auf die die meisten befragten Konsumenten sehr achten. Eine Korrelation zwischen dem Wunsch nach gesunder Ernährung und dem Kauf von Bio-Produkten ist derzeit nicht erkennbar, dennoch könnten sich gerade in dieser Hinsicht Chancen ergeben. Dabei müssen die Unternehmen unbedingt eine Verbindung zwischen den beiden Elementen herstellen und diese in gezielter Form kommunizieren. Aber auch die nachfolgenden Aspekte müssen unbedingt berücksichtigt werden, um eine Zielgruppenausweitung zu begünstigen. Ein gutes Preis-Leistungs-Verhältnis, wie auch die Vermeidung von Lebensmittelskandalen, sind für die Konsumenten ausschlaggebende Punkte für einen vermehrten Kauf von Bio-Produkten. Eine wesentliche Voraussetzung für die Gewinnung potenzieller Kunden, die eine gewisse Grundskepsis gegenüber dem Bio-Sektor haben, ist, dass unglaubwürdige Produktbezeichnungen seitens der Produktanbieter abgebaut werden. Werden diese Ziele verfolgt so könnte sich die Annahme in naher Zukunft bestätigen.

8. Handlungsempfehlungen für erfolgreiche Strategien auf dem Grünen Markt

Die Ergebnisse aus der Empirie werden an dieser Stelle dazu genutzt, Handlungsempfehlungen für Unternehmen zu geben, die die Chance erhöhen auf dem Grünen Markt beständig zu sein bzw. zu bleiben. Diese Empfehlungen richten sich besonders an Unternehmen aus dem Bio-Lebensmittelsegment, die die Zielgruppe der LOHAS fokussieren. Zudem werden Handlungsempfehlungen für die allgemeinen Konsumenten gegeben, vor allem für diejenigen, bei denen eine Wechselbereitschaft zum Bio-Sektor vorliegen könnte. Im Nachfolgenden wird zunächst mit den Vorschlägen für die LOHAS in dem jeweiligen Bereich des Marketing-Mix begonnen, im Anschluss daran werden Vorschläge für die allgemeine Zielgruppe erarbeitet. Dabei wird jedoch der Bereich der Distribution vernachlässigt, da nur die bevorzugte Art der Einkaufsstätte und die Ortsnähe analysiert wurden, daraus jedoch keine Handlungsempfehlungen abgeleitet werden können.

8.1 Produkt

Ein besonderer Schwerpunkt sollte auf das Produktsortiment gelegt werden, denn die LOHAS legen sehr viel Wert auf Produkteigenschaften, wie *Qualität* und *Genuss/Geschmack*. Deswegen sollten keine Produkte im Sortiment angeboten werden, die diese Kriterien nicht erfüllen. Das bedeutet, dass bei der Auswahl der Hersteller und der Lieferanten auf eine nachhaltige Produktion geachtet werden sollte und auch eine ständige Beobachtung des Marktes angebracht ist, um z.B. auf Skandale des Herstellers schnell reagieren zu können. Im Extremfall bedeutet das auch, die Produkte aus dem Sortiment zu nehmen, um einen Schaden durch einen möglichen Imagetransfer zu vermeiden. Da die LOHAS sehr auf die *Herkunft* der Produkte achten, sollten auch regionale Produkte im Sortiment zu finden sein. Diese Eigenschaft sollte demnach unbedingt auf dem Etikett oder durch Warenschilder publiziert werden. Ein Landwirt aus der Region, der über einen großen Kundenstamm verfügt und der gut angesehen ist, könnte zudem zu Kommunikationszwecken genutzt werden und als eine Art Testimonial fungieren.

8.2 Preis

Da die Empirie gezeigt hat, dass die LOHAS eine relativ hohe Bereitschaft für einen hohen Preis mit sich bringen, können die Lebensmittelunternehmen, vor allem die Fachhändler, diese Einstellung für sich nutzen, um höhere Umsätze zu generieren. Damit könnten die Preise gerade in den Warenkategorien *Fleisch, Obst/Gemüse und Milchprodukte* erhöht werden. Laut den Ergebnissen der Untersuchung ist sogar ein Zuschlag bis zu 30 Prozent beim Fleisch möglich, bei den Milchprodukten kann sogar der doppelte Preis genommen werden. Die Statements der LOHAS zeigen auf, dass sie die Bereitschaft für die Erhöhung des Milchpreises befürworten würden, um die Milchbauern, die derzeit in einer Krise sind, zu fördern. In diesem Zusammenhang sollte demnach unbedingt die Begründung für den Konsumenten erkennbar sein, die z.B. durch eine Pro-Milchbauer-Kampagne publiziert werden könnte. Hinsichtlich des Preises können jedoch auch Instrumenten zur Preisersparnis einen zusätzlichen Kaufanreiz für den Konsumenten schaffen. Die meiste Zustimmung hat der Preisrabatt erhalten, der z.B. durch Coupons an die Konsumenten gegeben werden kann. Wichtig ist in diesem Zusammenhang jedoch die Abstimmung mit dem Hersteller der Produkte, denn oftmals sind Händler an Verträge gebunden, deren Richtlinien sie einhalten müssen.

8.3 Kommunikation

Die Kommunikation ist ein ganz besonders entscheidender Bereich für Unternehmen, da durch sie die Zielgruppe überhaupt erst erreicht werden kann. Da die LOHAS zum größten Teil behaupten, dass ihnen eine Informationsversorgung durch Werbung nicht fehlt, wie die Empirie gezeigt hat, klingt dies zunächst ernüchternd für die Marketing-Abteilung eines Bio-Unternehmens. Dennoch zeigt die Empirie auch, dass es Präferenzen im Bereich der Kommunikation von Seiten der LOHAS gibt. Die bevorzugte Form der klassischen Werbung sind Zeitungsbeilagen und Zeitungsanzeigen und auch bei Plakataktionen und TV/Radio-Werbung zeichnen sich Chancen ab. Diese Möglichkeiten sollten demnach von den Unternehmen voll ausgeschöpft werden.

Vor allem die persönliche Kommunikation scheint für die LOHAS ansprechend zu sein, denn die meisten wünschen sich Probierstände, an denen sie kostenlose Warenproben erhalten. Dieses Wissen kann dazu genutzt werden, mit dem Probierstand den Point-of-Sale zu verbinden, d.h., dass die Ware direkt dort auch verkauft wird. Der Trend zur persönlichen Kommunikation wurde auch schon von Bruhn erkannt, der feststellt, dass sich das Verhältnis von Mediawerbung zu Verkaufsförderung, insbesondere im Konsumgüterbereich verschoben hat und somit die Verkaufsförderung immer mehr an Bedeutung zunimmt.[172] Dies kann somit den Umsatz über die gesteigerte Absatzmenge erhöhen. Besondere Zustimmung erhalten ebenso Kundenempfehlungen. „Die Frage nach Empfehlungen wird vom Kunden durchaus als das empfunden, was sie ja auch ist: als eine indirekte Streicheleinheit."[173] Damit lassen sich sehr gut Neukunden gewinnen, aber auch die Kundenbindung und Kundenzufriedenheit wird dadurch gestärkt. Die Kundenempfehlungen könnten z.B. über Magazine laufen oder auch direkt im oder vor dem Laden durchgeführt werden.

Eine weitere Möglichkeit ist die Kundenkarte, die ebenfalls von den LOHAS präferiert wurde. Die Kundenkarte hat sowohl auf Kunden- als auch auf Unternehmensseite Vorteile. Die Konsumenten können Vorteile und einen Mehrwert erlangen und das Unternehmen kann diese Nutzen, um den Kundenstamm zu differenzieren und individuell die Informationen an die Segmente anpassen. Um den Gebrauch attraktiver zu machen und den Einsatz zu intensivieren muss das Angebot der Kundenkarte jedoch für den Konsumenten schlüssig und interessant sein.[174] Zudem sollte dem Kunden der Datenschutz von Anfang an kommuniziert werden, um ein Vertrauensverhältnis aufbauen zu können.

Die allgemeinen Kunden für den Bio-Bereich zu gewinnen, ist sehr anspruchsvoll. Dennoch sollen an dieser Stelle auch hierfür Handlungsempfehlungen gegeben werden. Die Empirie hat aufgezeigt, dass die meisten Konsumenten den hohen Preis als Barriere für einen Wechsel zum Bio-Sektor ansehen. Die allgemeinen Kundenvorstellungen widersprechen damit denen der LOHAS. Um die Bereitschaft zu erzeugen, muss versucht werden, ein positives Image aufzubauen und die Konsumenten von der Qualität und dem Genuss der Produkte zu überzeugen, denn diese Eigenschaften sind vor allem bei der breiten Masse ausschlaggebend für ihre Kaufentscheidung. Der bei den LOHAS eben vorgeschlagene Zuschlag könnte diese Hürde jedoch höher werden lassen. Demnach steht das Unternehmen vor einem Problem. Dieses könnte sich durch ein zweigeteiltes Sortiment lösen lassen, bei dem ein Produkt mit entsprechenden Informationen zur Begründung teurer angeboten werden könnte und ein zweites Produkt den regulären Preis erhält. Wenn die Nachfrage im Laufe der Zeit größer wird, reguliert sich der Preis der teureren Produkte herunter und neue Kunden könnten dann den Weg in das Geschäft finden.

---

[172] Bruhn 2007, S.277
[173] Fink 2008, S.58
[174] Holz 1998, S. 57

Im gleichen Zug muss jedoch unbedingt Überzeugungsarbeit geleistet werden, die vor allem das Bedürfnis nach einer gesunden Ernährung aufgreift und die Wichtigkeit von Bio-Produkten für die Gesellschaft darstellt. Das könnten z.B. die Vermeidung von Schadstoffen, angemessene Löhne für die Mitarbeiter der Hersteller usw. sein. Der breiten Masse muss der Mehrwert vor Augen geführt werden damit sie den Wunsch hegen, durch ihren Einkauf etwas Gutes für sich selbst und für andere zu tun. Zudem muss das Image aufpoliert werden, das bei den allgemeinen Konsumenten nicht sehr gut zu sein scheint. Die Intransparenz der Siegel muss aufgelöst werden, indem der Verbraucher über die verschiedenen Siegel und vor allem die sicheren Siegel informiert wird. Da die breite Masse klassische Werbung nicht so stark ablehnt, wie es bei den LOHAS der Fall zu sein scheint, kann ein Unternehmen auch den Schritt wagen, über diese Kommunikationswege potenzielle Kunden anzusprechen.

Wenn die Unternehmen sich an den Wünschen und Bedürfnissen der Konsumenten orientieren und ihr Konsumentenverhalten in Zukunft im Blickfeld haben und diese untersuchen würden (entweder im Unternehmen selbst oder über einen Auftrag an externe Marktforschungsunternehmen), so kann man davon ausgehen, dass sich die Chancen auf dem Grünen Markt gut nutzen lassen. An dieser Stelle sollen noch einmal kurz die wichtigsten Handlungsempfehlungen tabellarisch dargestellt werden:

	LOHAS	**Breite Masse**
Produkt	• Produkte mit Informationsangaben in Verbindung mit Kampagnen • Regionale Produkte	• Produkte mit überzeugenden Argumenten
Preis	• Zuschläge für Kampagnen-Produkte	• Regulärer Preis • Niedriger Preis durch erhöhte Nachfrage
Kommunikation	• Überzeugende klassische Werbeformen: Zeitungsbeilagen, Zeitungsanzeigen • Weniger häufig: Plakate, TV/Radio • Persönliche Kommunikation: Probierstände/Point of Sale Kundenempfehlungen Kundenkarte	• Überzeugungs-Kampagnen zum Aufbaue eines positiven Image • Klassische Werbeformen (punktuell) • Intransparenz des Marktes auflösen durch gezielte Informationsversorgung

Abbildung 42: Übersicht zu den Handlungsempfehlungen (Quelle: Eigene Darstellung)

9. Fazit

Ziel dieser Arbeit war es aufzuzeigen, wie die für das Marketing schwer zu fassende Zielgruppe der LOHAS durch bestimmte Marketing- und Kommunikationsinstrumente erreicht werden können. Dazu wurden zunächst die derzeitig vorliegenden Erkenntnisse aus der Literatur dazu genutzt, den Grünen Markt und dessen Trendentwicklung zu beschreiben. Ein besonderer Fokus wurde dabei auf die Bio-Lebensmittelbranche gelegt, da dieser Sektor derzeit ein starkes Umsatzwachstum verzeichnet, aber auch andere Branchen wurden kurz angerissen, um das Ausmaß dieser Trendentwicklung aufzuzeigen. Das Kaufverhalten der Konsumenten ändert sich und die Anbieter der Produkte und Dienstleistungen stellen sich immer mehr darauf ein.

Die LOHAS als Zielgruppe und der grüne Trend spielen derzeit auch eine Rolle in der Konsumentenforschung, da viele Marketingmanager in ihr die große Chance sehen, Umsätze generieren zu können. Deswegen haben sich viele Institute dieser Aufgabe gewidmet und sind in einiger Hinsicht zu gleichen Ergebnissen gekommen. Die LOHAS vereinen Werte, deren Kombination vorher für unmöglich gehalten wurde, wie z.B. Nachhaltigkeit und Gesundheit, Verantwortung und Genuss und eröffnen damit neue Chancen für den Grünen Markt. Die Werte sind nur ein Bestandteil des Konsumentenverhaltens, das jedoch ganzheitlich betrachtet werden muss, will man die Zielgruppe genau identifizieren. Besonders wichtig für die Kaufentscheidung sind zudem Bedürfnisse und Einstellungen, die in dieser Arbeit detailliert erläutert wurden.

Die empirische Untersuchung der LOHAS wurde auf die drei psychographischen Determinanten ausgerichtet, um genauere Informationen über die LOHAS zu erlangen als bisher vorhanden. Die in dieser Arbeit beschriebene Kritik an den derzeitigen Ergebnissen aus der Konsumentenforschung, soll nicht bedeuten, dass die Aussagen unwahr sind, sie wirken jedoch z.T. oberflächlich und die Erhebungsmethodik, die sich an alle Konsumenten richtet, kann Ungenauigkeiten bei der Auswertung zu Folge haben. Diese Arbeit geht bei der Empirie mehr in die Tiefe, da explizit die LOHAS befragt wurden und mehrere Teiluntersuchungen durchgeführt wurden, um anschließend ein Gesamtergebnis zu erlangen. Aufgrund der eingeschränkten Bearbeitungszeit und des beschränkten Umfangs kann auch in dieser Arbeit keine vollständige Überprüfung der psychographischen Determinanten vorgenommen werden, erste Ansätze für nachfolgende Forschungsmöglichkeiten wurden aufgezeigt.

Die Ergebnisse dieser Empirie widersprechen sich z.T. mit denen aus den vorhandenen Studien. So z.B. hat sich ergeben, dass die LOHAS eine hohe Zahlungsbereitschaft im Bio-Lebensmittelbereich mitbringen und sie durchaus bereit sind einer weitere Strecke in Kauf nehmen, um bei ihrem präferierten Händler einzukaufen. Diese Arbeit vermutet, dass sich die Ergebnisse der Studien durch die zufällige Auswahl der Befragten verzerrt haben. Hinsichtlich der Bedürfnisse und der Wertvorstellungen hat sich gezeigt, dass die LOHAS sowohl Ich-bezogene als auch soziale Bedürfnisse haben, d.h. sie wollen auf Spaß, Glück und ihr eigenes Wohlbefinden nicht verzichten, aber gleichzeitig auch der nächsten Generation eine lebenswerte und saubere Welt hinterlassen. Die empirischen Ergebnisse wurden anschließend dazu genutzt, Handlungsempfehlungen für unternehmerische Marketing- und Kommunikationsaktivitäten zu geben.

Einige Studien haben bereits versucht die LOHAS zu typologisieren, doch eine valide Klassifizierung nach psychographischen Aspekten ist derzeit nicht einfach zu finden. Deswegen wurde in dieser Arbeit der Versuch unternommen, die LOHAS anhand des Positionierungsmodells, das allgemeingültig für jedes Unternehmen sein kann, zu klassifizieren. Anhand von zwei ausgewählten Determinanten aus dem Marketing-Mix, kann der jeweilige Involvierungsgrad der LOHAS festgestellt werden. Bei der empirischen Untersuchung in dieser Arbeit hat sich ergeben, dass die Mehrheit der LOHAS der am stärksten ausgeprägten Klasse „Mission-Driven LOHAS" zuzuordnen ist, wenn man die Kaufhäufigkeit und die Ortsnähe als Determinanten wählt.

Ein weiteres Ziel dieser Arbeit war es, einen Ausblick über eine mögliche Ausweitung des grünen Trends und der Zielgruppe der LOHAS zu geben. Die meisten Forscher gehen davon aus, dass sich dieser Trend in Zukunft ausweitet und eventuell sogar zum Megatrend, der bis zu 30 Jahre anhält, werden wird. Obwohl man Ansätze erkennen kann, können keine genauen Prognosen gegeben werden. Die empirische Untersuchung der allgemeinen Zielgruppe zeigt, dass die Wechselbereitschaft zum Bio-Sektor in den verschiedenen Altersklassen unterschiedlich aus- geprägt ist und je nach Ablehnungsgrund variiert. Das größte Potenzial ist zu erkennen, wenn das Preis-Leistungsverhältnis adäquat ist, vor allem bei der jungen Zielgruppe. Eine Ausweitung ist auch innerhalb der Zielgruppe der LOHAS denkbar, die sich je nach Involvierungsgrad eher hin zu den Experimentalisten, Hedonisten oder Postmateriellen orientieren. Ob sich der grüne Trend jedoch ausweiten wird oder ob dieser Begriff nur eine Erfindung von cleveren Marketing-Managern ist, wird sich noch zeigen.

10. Quellenverzeichnis

Allgayer, Florian, Kalka, Jochen 2007: Der Kunde im Fokus: Die wichtigsten Zielgruppen im Überblick- Milieus, Lebenswelten, Konsumenten, Redline Wirtschaft

Balderjahn, Ingo 2003: Nachhaltiges Marketing-Management, Lucius&Lucius Verlag, Stuttgart

Balderjahn, Ingo, Scholderer, Joachim 2007: Konsumentenverhalten und Marketing – Grundlagen für Strategien und Maßnahmen, Schäffer-Poeschel Verlag, Stuttgart

Bea, Franz Xaver, Scheurer, Steffen, Hesselmann, Sabine 2007: Projektmanagement, UTB, Stuttgart

Biethahn, Jörg, Mucksch, Harry, Ruf, Walter 2004: Ganzheitliches Informationsmanagement, 6. Auflage, Oldenbourg Wissenschaftsverlag, München

Brecht, Ulrich 2005: Kostenmanagement: Neue Tools für die Praxis, Gabler Verlag, Wiesbaden

Bruhn, Manfred 2006: Das Konzept der Kundenorientierten Unternehmensführung In: Hinterhuber, Hans H., Matzler, Kurt (Hg.): Kundenorientierte Unternehmensführung - Kundenorientierung – Kundenzufriedenheit – Kundenbindung, 6. Auflage, Gabler Verlag, München, S. 33-65

Bruhn, Manfred 2007: Grundlagen für Studium und Praxis, Gabler Verlag, Wiesbaden

Bruhn, Manfred 2008: Das kommunikationspolitische Instrumentarium In: Bruhn, Manfred, Esch, Franz-Rudolf, Langner, Tobias (Hg.) 2008: Handbuch Kommuikation: Grundlagen – innovative Ansätze – praktische Umsetzungen, 6. Auflage, Gabler Verlag, München, S. 23-46

Busse, Tanja 2006: Die Einkaufsrevolution. Konsumenten entdecken ihre Macht, Karl Blessing Verlag, München

Esch, Franz-Rudolf 2006: Wirkung integrierter Kommunikation: Ein verhaltenswissenschaftlicher Ansatz für die Werbung, 4. Auflage, Springer-Verlag, Heidelberg

Ernst & Young (Hg.) 2007: Lifestyle of Health and Sustainability

Fink, Klaus-J. 2008: Empfehlungsmarketing: Königsweg der Neukundergewinnung, Gabler Verlag, Wiesbaden

Fischer, Lorenz, Wiswede, Günter 2002: Zukunftsperspektiven unserer Konsumgesellschaft In: Mattenklott, Axel/ Schimansky, Alexander: Werbung – Strategien und Konzepte für die Zukunft, München, Vahlen Verlag, S.305-331

Flaig, Berthold, Meyer, Thomas, Ueltzhöffer, Jörg 1994: Alltagsästhetik und politische Kultur. Zur ästhetischen Dimension politischer Bildung und politischer Kommunikation, 2. Auflage, Dietz, Bonn

Fritz, Wolfgang 2004: Internet-Marketing und Electronic Commerce: Grundlagen – Rahmenbedingungen – Instrumente. Mit Praxisbeispielen, 3. Auflage, Gabler Verlag, Wiesbaden

Gesamtverband der Werbeartikel-Wirtschaft e.V. (GWW) (Hg.) 2005: Werbewirkung von Werbeformen, Neuss

GfK (Hg.) 2007: Ad hoc Research: Alternative Werbeformen im Internet, München

Grunwald, Armin, Kopfmüller, Jürgen 2006: Nachhaltigkeit, Campus Verlag, Frankfurt/New York

Hardtke, Arnd, Prehn, Marco 2001: Perspektiven der Nachhaltigkeit – Vom Leitbild zur Erfolgsstrategie, Gabler Verlag, Wiesbaden

Hartstein, Martin 2006: Der Weg in die Unternehmensberatung [2007/2008]: Consulting Case Studies erfolgreich bearbeiten, Gabler Verlag, Wiesbaden

Hermann, Simon 1982: Reismanagement, Gabler Verlag, Wiesbaden

Hippner, Hajo, Wild,e Klaus D. 2006: Grundlagen des CRM: Konzepte und Gestaltung, 2. Auflage, Gabler Verlag, Wiesbaden

Hollensen, Svend 2004: Global Marketing. A Decision-oriented approach, 3. Auflage, Prentice Hall, o.O.

Holz, Stephan 1998: Die Kundenkarte als Instrument zur Kundenbindung im deutschen Einzelhandel In: Direkt Marketing, 34. Jahrgang, Heft 4-1998, S. 20-24

Jung, Hans 2003: Controlling. Oldenbourg Wissenschaftsverlag, München

Junge Karriere 05/2009: Alles im Grünen Bereich. Wie der Umweltschutz die Wirtschaft verändert, welche Jobs entstehen und wie Sie den Einstieg schaffen, Handelsblatt, Düsseldorf

Kastin, Klaus S. 2008: Marktforschung mit einfachen Mitteln – Daten und Informationen beschaffen, auswerten und interpretieren, 3. Auflage, Deutscher Taschenbuch Verlag, München

Kaltenhäuser, Bettina 2005: Abstimmung am Kiosk: der Einfluss der Titelgestaltung politischer Publikumszeitschriften auf die Einzelverkaufsauflage, DUV, Wiesbaden

Kaub, E. 1980: Franchise-Systeme in der Gastronomie, Diss., Saarbrücken

Kleinaltenkamp, Michael 2006: Markt- und Produktmanagement: Die Instrumente des Business-to-business-marketing, 2. Auflage, Gabler Verlag, Wiesbaden

Kreuzer, Ralf T. 2009: Praxisorientiertes Direktmarketing: Konzepte – Instrumente – Fallbeispiele, Gabler Verlag, Wiesbaden

Kroeber-Riel, Werner, Weinberg, Peter 2003: Vahlens Handbücher der Wirtschafts- und Sozialwissenschaften, 8. Auflage, Franz Vahlen Verlag, München

Kunzcik, Michael, Zipfel, Astrid 2005: Publizistik, 2. Auflage, Böhlau Verlag, Köln, Weimar, Wien

Kußmaul, Heinz 2005: Betriebswirtschaftslehre für Existenzgründer. Lehr- und Handbücher der Betreiebswirtschaftslehre, 5. Ausgabe, Oldenburg Wissenschaftsverlag, Oldenburg

Küchenhoff, Helmut 2006: Statistik für Kommunikationswissenschaftler, 2. Auflage, UTB Verlag, Stuttgart

Kühl, Stefan, Strodtholz, Petra, Taffertshofer, Andreas 2005: Quantitative Methoden der Organisationsforschung: ein Handbuch, VS Verlag, Wiesbaden

LobbyControl – Initiative für Transparenz und Demokratie 2007: Greenwasch in Zeiten des Klimawandels. Wie Unternehmen ihr Image grün färben, Köln

Mankiw, Gregory M. 2004: Principles of Economics, Thomson South Western, Mason Ohio

Mast, Claudia 2002: Unternehmenskommunikation. Ein Leitfaden, Lucius&Lucius/UTB, Stuttgart

Meffert, Heribert, Burmann, Christoph, Kirchgeorg, Manfred 2007: Marketing: Grundlagen marktorientierter Unternehmensführung. Konzepte – Instrumente – Praxisbeispiel. Mit neuer Fallstudie VW Golf, 9. Auflage, Springer-Verlag, Heidelberg

Meffert, Heribert, Burmann, Christoph, Kirchgeorg, Manfred 2007a: Marketing, 10. Auflage, Springer-Verlag, Heidelberg

Nielsen (Hg.) 2008: Was LOHAS wirklich kaufen. Eine Nielsen-Studie

Niesel, Manfred 2002: Über den Nutzen psychographischer Zielgruppenmodelle In: Mattenklott, Axel/ Schimansky, Alexander, Werbung – Strategien und Konzepte für die Zukunft, Vahlen Verlag, München, S.335-357

Pfaff, Dietmar 2004: Praxishandbuch Marketing: Grundlagen und Instrumente, Campus Verlag. Frankfurt

Pfaff, Dietmar 2008: Kunden verstehen, gewinnen und begeistern: Ihr Praxiswissen für ein erfolgreiches Marketing, 4. Auflage, Campus Verlag, Frankfurt/New York

Ray, Paul, Anderson, Ruth 2000: The Cultural Creatives – How 50 Million people are changing the word, New York, Harmony Books

Runia, Peter 2007: Marketing: Eine Prozess- und praxisorientierte Einführung, 2. Auflage, Oldenbourg Wissenschaftsverlag, München

Röttger, Ulrike 2001: Issues-Magement: theoretische Konzepte und praktische Umsetzung; eine Bestandaufnahme, VS Verlag, Wiesbaden

Schneider, Willy 2007: McMarketing: Einblicke in die Markerting-Strategie von McDonals's, Gabler Verlag, Wiesbaden

Saatweber, Jutta 2007: Kundenorientierung durch Quality Function Deployment – Systematisches Entwickeln von Produkten und Dienstleistungen, 2. Auflage Symposium Publishing, Düsseldorf

Seiwert, Martin, Augter, Stefanie, Dürand, Dieter, Kempkens, Wolfgang, Kuhn, Thomas, Ress, Jürgen 2009: Hart am Wind In: Wirtschaftswoche 19/2009, Handelsblatt GmbH, S.95-100

Schaumberg, Harald 1999: Internationale Joint Ventures: Management – Besteuerung – Vertragsgestaltung, Schäffer-Poeschel Verlag, Stuttgart

Schmidt, Sarah, Tschochohei, Heinrich 2008: Soziale und ökologische Verantwortung in der Erlebnisgesellschaft. Chancen und Risiken nachhaltiger Events In: Müller, Martin, Schaltegger, Stefan 2008: Corporate Social Responsibility – Trend oder Modeerscheinung?, 2. Auflage, Oekom Gesell. F. Öekolog. Verlag, München

Schmitz, Claudius A., Kölzer, Brigitte, 1996: Einkaufsverhalten im Handel, Vahlen Verlag, München

Schobert, Astrid 2008: Was ist Bio und was nicht – So erkennen Sie echte Qualität, Knaur Ratgeber Verlag, München

Schöller, Ekkehard 2007: Lehrbuch der Soziologie, 3. Auflage, Campus Verlag, Frankfurt

Schulte, Norbert, Pohl, Dirk 2008: Joint Venture Gesellschaften, 2. Auflage, RWS- Verlag, Köln

Steffenhagen, H. 2004, Marketing, eine Einführung, 5. Auflage, Kohlhammer, Stuttgart

Stern 12/2007, Gruner&Jahr, Hamburg

Stockebrand, Nina, Berner, Nina Saskia, Spiller, Achim 2008: Regionalmarketing im Naturkostfachhandel Cuvillier Verlag, Göttingen

Trommsdorff, Volker 2000: Konsumentenverhalten, 7. Auflage, Kohlhammer, Stuttgart

Uhe, Gerd 2002: Strategisches Marketing. Vom Ziel zur Strategie, Cornelsen Verlag, Berlin

Uhe, Gerd 2002a: Operatives Marketing: gezielter Einsatz des Marketing-Instrumentariums, Cornelsen Verlag, Berlin

Unger, Fritz, Fuchs, Wolfgang 2005: Management der Marketingkommunikation, 3. Auflage, Springer Verlag, Heidelberg

Von Uexküll, Thure 2008: Psychosomatische Medizin: Modelle ärztlichen Denkens und Handelns, 6. Auflage, Elsevier, Urban&Fischer Verlag, München

Venzin, Markus, Rasner, Carsten, Mahnke, Volker 2003: Der Strategieprozess: Praxishandbuch zur Umsetzung in Unternehmen, Campus Verlag, Frankfurt

Vossebein, Ulrich 2002: Marketing Intensivtraining,3. Auflage, Gabler Verlag, Wiesbaden

Walther, Dietrich 2009: Green Business – das Milliardengeschäft – Nach den Dot-coms kommen jetzt die Dot-greens, Gabler Verlag, Wiesbaden

Winkelmann, Marc 2009: Gute Aussichten In: Junge Karriere 05/2009, Handelsblatt GmbH, S. 21-27

Wirtschaftswoche 19/2009: Grün aus der Krise. Wie Öko-Technik die deutsche Industrie revolutioniert und eine Million neue Jobs schafft, Handelsblatt, Düsseldorf

Wüthrich, Hans A., Bleicher, Knut 2001: Grenzen ökonomischen Denkens, Gabler Verlag, Wiesbaden

Wenzel, Eike, Anja Kirig, Christian Rauch 2008: Greenomics. Wie der grüne Lifestyle die Märkte und Konsumenten verändert, Redline Wirtschaft, FinanzBuch Verlag, München

Zukunftsinstitut (Hg.) 2008: Zielgruppe LOHAS. Wie der grüne Lifestyle die Märkte erobert

Internetquellen:
o.V. 2007: Presseschau 2007 [Stand: 21.07.09]
http://www.lohas.de/content/view/197/81

Gertzen, Ann-Christin 2008: Die Wahrheit über LOHAS – Egoistische Konsum-guerilla
http://www.sueddeutsche.de/leben/587/450309/text/ [Stand: 20.07.09]

o.V. 2008: Hohe Zuwachsraten. Biobranche boomt weiter, Handelsblatt [Stand: 26.07.09]
http://handelsblatt.com/unternehmen/industrie/biobranche-boomt-weiter;1373159

o. V. 2009: Die Umwelt schützen wie die Stars – der „GreenSeven"-Day auf ProSieben, [Stand: 21.07.09]
http: //www.prosieben.de/liefestyle_magazine/green-seven/artikel/62604/

o.V. 2009: Putenfilet nur aus Fleischstückchen
http:// lifestyle.t-online.de/c/19/42/77/60/19427760.html

o.V., o.J.: Sinus-Milieus, [Stand: 03.08.2009]
http://www.sociovision.de/loesungen/sinus-milieus.html

11. Anhang

11.1 Bedürfnismessung

Bitte bewerten Sie die folgenden Aspekte nach der für Sie persönlichen Wichtigkeit.

5 = am wichtigsten
4 = sehr wichtig
3 = wichtig
2 = eher wichtig
1 = unwichtig

Zustimmung zum nachhaltigen Lebensstil	
Nachhaltige Verbesserung der Welt	
Individualität	
Sicherheit bei der nachhaltigen Produktqualität	
Eigene Gesundheit	

11.2 Fragebogen zur Einstellungsmessung

Frage 1:

Wie oft kaufen Sie Bio-Produkte im Monat?

- 1 bis 2 Mal
- 3 bis 4 Mal
- 5 bis 7 Mal
- mehr als 7 Mal

Frage 2:
Wie viele Kilometer würden Sie fahren, um Ihre präferierte Einkaufsstätte zu erreichen?

- weniger als 1km
- 1 bis 4 km
- 5 bis 10 km
- mehr als 10 km

Frage 3:
Wie viel sind Sie bereit mehr für Bio-Produkte zu zahlen?
(Bitte beachten Sie, dass diese Frage sich auf herkömmliche Kilo- bzw. Literpreise als Basis bezieht: 1kg Schweineschnitzel 5,99€, 1kg Äpfel 3,99€ und 1l frische Vollmilch 0,49€)

Fleisch	Obst/ Gemüse	Milchprodukte
0,50€	0,10€	0,05€
1,00€	0,30€	0,10€
1,50€	0,50€	0,20€
2,00€ und mehr	1,00€ und mehr	0,50€ und mehr

Frage 4:

Welche Form bevorzugen Sie, um beim Einkauf Geld zu sparen oder Zusatzleistungen zu erhalten?
(Sie können mehrere Antworten angeben.)

- Preisrabattcoupons
- 2 zum Preis von 1
- mehr Inhalt zum gleichen Preis
- Partnergutscheine

Frage 5:

Welche Produkt- bzw. Verpackungseigenschaften sind Ihnen am wichtigsten?
(Sie können mehrere Antworten angeben)

Produkt

- Qualität
- Herkunft
- Marke
- naturbelassen/ unbehandelt
- fair trade
- Genuss/ Geschmack
- keins von dem

Verpackung

- Design
- recyclebar
- wenig Abfall
- Informationen zum Produkt
- Single-Packung
- Familien-Packung
- keins von dem

Frage 6:

Fehlt Ihnen eine Informationsversorgung durch Werbung bei Bio-Produkten?

- ja
- nein

Frage 7:
Über welche Formen würden Sie sich am ehesten informieren?
(Sie können mehrere Antworten angeben)

Werbung	*direkte Kommunikation*	*Aktionen*
● Plakate	● Probierstände	● Newsletter
● TV/ Radio	● Informationsveranstaltungen	● Kundenevent
● Internet	● Produktvorstellungen	● Kundenempfehlung
● Zeitungsbeilagen	● nichts von dem	● Kundenkarte
● Zeitschriftenanzeigen		● nichts von dem
● Zeitungsanzeigen		
● nichts von dem		

Frage 8:
Wo kaufen Sie Bio-Produkte am häufigsten?

● Fachhändler, z.B. Bio-Supermarkt Alnatura

● Discounter, z.B.. Lidl, Aldi, Penny, Netto

● Supermarkt, z.B. Rewe, Real, Kaufland, Edeka

● Bio-Bauer

● Wochenmarkt

Frage 9:
Welche Serviceleistungen sind für Sie persönlich von Bedeutung?
(Sie können mehrere Antworten angeben.)

● Heim- Lieferservice

● Einpackservice

● Beschwerdestelle im Laden

● Kundenhotline für Fragen

● nichts von dem

11.3 Fragebogen zum Rating-Verfahren

Wie alt sind Sie?

20 bis 30 Jahre
30 bis 40 Jahre
40 bis 50 Jahre
50 bis 60 Jahre
über 60 Jahre

Fragen	Gar nicht wichtig	eher wichtig	wichtig	sehr wichtig
Wie wichtig sind Ihnen Bio-Produkte?	●	●	●	●
Wie wichtig sind Bio-Produkte im Allgemeinen für die Gesellschaft?	●	●	●	●
Wie wichtig ist die Qualität von Lebensmitteln im Allgemeinen?	●	●	●	●
Wie wichtig ist der Genuss/ Geschmack von Lebensmitteln im Allgemeinen?	●	●	●	●
Wie wichtig ist Ihnen eine gesunde Ernährung im Allgemeinen?	●	●	●	●
Wie wichtig sind Ihnen Marken beim Kauf von Lebensmitteln allgemein?	●	●	●	●
Wie wichtig ist Ihnen eine Informationsversorgung durch Werbung für Lebensmittel im Allgemeinen?	●	●	●	●
Wie wichtig ist Ihnen das Verpackungsdesign bei Lebensmitteln allgemein?	●	●	●	●

Wie wichtig ist Ihnen die örtliche Nähe zu Ihrer Einkaufsstätte im Allgemeinen?   ◯   ◯   ◯   ◯

Wie wichtig ist ein niedriger Preis bei Lebensmitteln im Allgemeinen?   ◯   ◯   ◯   ◯

Warum lehnen Sie Bio-Produkte ab?

- ◯ der Preis ist zu hoch
- ◯ Lebensmittelskandale
- ◯ generelles Misstrauen gegenüber Bio-Produkten
- ◯ ich möchte/ kann dazu keine Beurteilung abgeben

Wären Sie bereit, bei einem adäquaten Preis-Leistungsverhältnis auf Bio-Produkte umzusteigen?

- ◯ ja
- ◯ nein

Wenn Lebensmittelskandale nicht in der Bio-Branche auftreten, würden Sie dann zu Bio-Produkten wechseln?

- ◯ ja
- ◯ nein
- ◯ nichts von dem

11.4 Einzelergebnisse des Laddering-Verfahrens

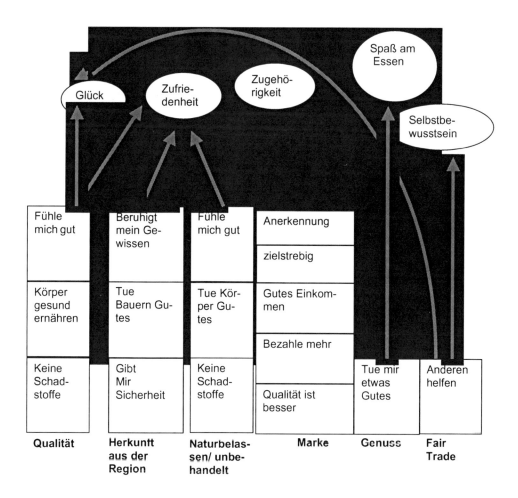

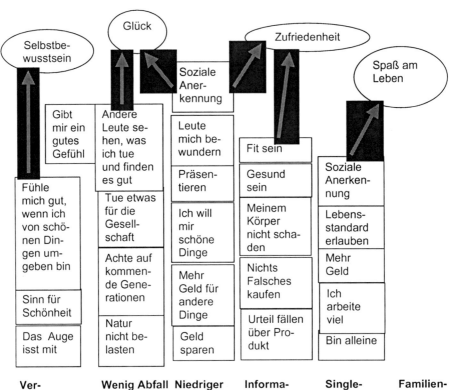

Die VDM Verlagsservicegesellschaft sucht für wissenschaftliche Verlage abgeschlossene und herausragende

Dissertationen, Habilitationen, Diplomarbeiten, Master Theses, Magisterarbeiten usw.

für die kostenlose Publikation als Fachbuch.

Sie verfügen über eine Arbeit, die hohen inhaltlichen und formalen Ansprüchen genügt, und haben Interesse an einer honorarvergüteten Publikation?

Dann senden Sie bitte erste Informationen über sich und Ihre Arbeit per Email an *info@vdm-vsg.de*.

Sie erhalten kurzfristig unser Feedback!

VDM Verlagsservicegesellschaft mbH
Dudweiler Landstr. 99   Telefon +49 681 3720 174
D - 66123 Saarbrücken   Fax   +49 681 3720 1749
www.vdm-vsg.de

Die VDM Verlagsservicegesellschaft mbH vertritt

Breinigsville, PA USA
28 April 2010
236996BV00001B/126/P